D1641498

Jürgen Lenssen
Wir rufen an den teuern Mann
Sankt Kilian, Sankt Kolonat und Sankt Totnan

Jürgen Lenssen

Wir rufen an den teuern Mann Sankt Kilian, Sankt Kolonat und Sankt Totnan

Andachten, Wallfahrtstexte, Gebete und Lieder zu den heiligen Frankenaposteln

Echter Verlag Würzburg

Wir danken allen Verlagen und Autoren, die uns freundlicherweise Abdruckerlaubnis erteilt haben.
Die Texte der Passio des heiligen Kilian sind entnommen aus: A. Bigelmair, Die Passio des heiligen Kilian und seiner Gefährten, in: Würzburger Diözesangeschichtsblätter 14/15 (1952/53).
Ein besonderer Dank gilt Diözesanbischof Paul-Werner Scheele, Würzburg, der uns die Übersetzung der altirischen Hymnen zur Verfügung gestellt hat.

CIP-Titelaufnahme der Deutschen Bibliothek

Wir rufen an den teuern Mann, Sankt Kilian, Sankt Kolonat und Sankt Totnan : Andachten, Wallfahrtstexte, Gebete u. Lieder zu d. heiligen Frankenaposteln. – Würzburg : Echter 1988
  ISBN 3-429-01153-1

Mitglied der Verlagsgruppe »engagement«

© 1988 Echter Verlag Würzburg
Umschlaggestaltung: Ernst Loew
Gesamtherstellung: Echter Würzburg,
Fränkische Gesellschaftsdruckerei und Verlag GmbH
ISBN 3-429-01153-1
Einheitsübersetzung der Heiligen Schrift:
© Katholische Bibelanstalt, Stuttgart 1980

Inhalt

Zum Geleit

Am Anfang der Diözese Würzburg steht das Martyrium der Frankenapostel. Daher kommen wir mit dem *Ursprung* unserer Bistumsgeschichte in Kontakt, wenn wir uns ihnen zuwenden. Darüber hinaus verweisen sie uns auf den Ursprung unseres ganzen Glaubens und Lebens. Wie alle Heiligen sind Kilian, Kolonat und Totnan qualifizierte Zeugen Jesu Christi. Ihm verdanken sie alles Gute, das sie empfangen und weitergegeben haben. Ihn verkünden sie in Wort und Tat, im Leiden und Sterben. Ihn verherrlichen sie in der Ewigkeit. Die Heiligen sind hilfreichste Übersetzung seiner Frohbotschaft.

So führt uns ihre Verehrung nicht in längst vergangene Zeiten zurück, sondern tiefer hinein in unsere *Gegenwart*. Das Beispiel der Heiligen zeigt, worauf es heute ankommt; ihre Hilfe trägt dazu bei, daß wir fertigbringen, was uns heute aufgetragen ist. Erst in der lebendigen Gemeinschaft mit ihnen wird die Einheit voll verwirklicht, die der Herr uns zugedacht hat. Sie übersteigt die Grenzen von Raum und Zeit. Wie das II. Vatikanische Konzil lehrt, wird durch das rechte Gedächtnis der Heiligen »die Einheit der ganzen Kirche durch die Übung der brüderlichen Liebe im Geiste gestärkt... Denn wie die christliche Gemeinschaft unter den Erdenpilgern uns näher zu Christus bringt, so verbindet auch die Gemeinschaft mit den Heiligen uns mit Christus, von dem als Quelle und Haupt jegliche Gnade und das Leben des Gottesvolkes selbst ausgehen.«

Schließlich läßt uns das rechte Verhältnis zu den Heiligen Entscheidendes von unserer *Zukunft* erfassen. Sie steht nicht im Bann irgendeines dunklen Geschickes drohend vor uns, sie wird uns im Zeichen des Herrn geschenkt, der in Liebe auf uns zukommt, um zu vollenden, was er begonnen hat. Das wird in der Gemeinschaft der Heiligen geschehen, da »Jesus, unser Herr, mit allen seinen Heiligen kommt« (1 Thess 3,13). Die zweitälteste Lebensbeschreibung der Frankenapostel sagt von diesem Geschehen: »Wenn dereinst der Herr zum Gericht kommt, so wird Petrus Judäa, Andreas Achaja, und die übrigen werden verschiedene Reiche mit sich bringen, und Kilian wird das deutsche Franken führen. Wie groß wird dann die Freude des Vaters über seine Nachkommenschaft und die der Nachkommenschaft über ihren Vater sein!« Noch bevor das geschieht, kann uns die Hinwendung zu den Heiligen in der Herrlichkeit des Himmels jetzt schon bewußt machen, was Gott denen bereitet hat, die ihn lieben. In unseren Heiligen hat unsere Zukunft bereits begonnen. Ihre Seligkeit soll immer mehr auch die unsere werden.

Auf all das ist unsererseits die *Antwort* fällig, zu der uns der Apostel aufruft: »Dankt dem Vater mit Freude! Er hat euch fähig gemacht, Anteil zu haben am Los der Heiligen, die im Lichte sind« (Kol 1,12). Wir schulden Gott Dank und Lobpreis für sein Wirken in den Heiligen und durch sie. Wir werden zu einem neuen Ja zur Nachfolge Christi bewegt, wenn uns jeder Heilige wie der Völkerapostel nahelegt: »Nehmt mich zum Vorbild, wie ich Christus zum Vorbild nehme« (1 Kor 11,1). Der Heilige Geist, der die Heiligen beseelt, kann uns beten und leben lehren, wie er es bei ihnen getan hat.

Im Vertrauen darauf, daß alle, die durch Gottes Gnade an seiner himmlischen Herrlichkeit teilhaben dürfen, uns *in aktiver Liebe verbunden* sind, können wir uns im Gebet ganz persönlich unseren Heiligen zuwenden. Wir können unseren Dank und Lobpreis mit ihnen vereint darbringen und ihre Hilfe und insbesondere ihre Fürbitte erflehen.

Möge das Werk »Wir rufen an den teuern Mann« vielen
helfen, diese Gegebenheiten zu erkennen und ins Gebet
wie ins Leben hineinzunehmen. Mögen sich viele finden,
die sich in stiller Stunde auf die Botschaft der Heiligen einlassen und die nötigen Konsequenzen ziehen. Dabei denke
ich besonders an unsere Alten und Kranken. Mögen sich
vor allem viele in Gebet und in der Wallfahrt vereinen
und so gemeinsam den Frankenaposteln näherkommen.
Miteinander sind sie dem Ruf Christi gefolgt, miteinander
haben sie unter uns gewirkt, miteinander sind sie in den
Tod gegangen. Mögen sie uns die Gnade erflehen, daß wir
ihrem Beispiel gemäß miteinander glauben und helfen,
feiern und missionieren. Je mehr unser Glaube im Gebet
zur Sprache kommt, um so besser können wir ihn in unserem Leben und Wirken unseren Mitmenschen weitergeb-
ben. Der dreifaltige Gott segne alle, die dies nach Kräften
versuchen.

+ Paul-Werner

Bischof von Würzburg

Einführung

Die Andachten greifen die Botschaft des Kiliansschreins auf, den der Künstler Heinrich Gerhard Bücker für die Gebeine der Frankenapostel schuf und der 1987 in der Kilianskrypta der Würzburger Neumünsterkirche seine Aufstellung fand. Die Komposition des Schreins mit den korrespondierenden Stirnseiten war für den Aufbau der Andachten bestimmend. Diesem Rahmen des Schreins entspricht der allen Andachten gemeinsame Rahmen von Eröffnung und Abschluß. Die sechs Einzelandachten sind gemäß der Anordnung der Reliefs dreigeteilt. Zunächst wird das Thema der Andacht – und damit auch das Thema der Bilder – kurz entfaltet. Dann folgt die Betrachtung der neutestamentlichen Darstellung, in der der Boden für das Zeugnis der Frankenapostel bereitet wird. Die Betrachtung der Bildtafel mit der entsprechenden Szene aus dem Leben der Frankenapostel in Gebet und Lied schließt sich an. Um mit dem Schrein den Bogen in unsere Zeit zu schlagen, endet die Einzelandacht mit einer Besinnung auf die in beiden vorgestellten Bildtafeln betrachtete Grundsituation des Glaubens. Immer wieder wurde auf die Frömmigkeitstradition der altirischen Kirche zurückgegriffen, um bewußt zu machen, aus welchem geistlichen Hintergrund heraus das Apostolat der Frankenapostel erwachsen ist.
Die Lieder (einige Texte sind vom Verfasser wegen des Anlasses und der besseren Einfügung in die Andachtsthematik umgeschrieben worden) sind dem Stamm- und Diözesanteil unseres Gebet- und Gesangbuches »Gotteslob« entnommen.
Die Andachten wollen der Verehrung der Frankenapostel dienen. Auch wenn sie nicht im Anblick des Kilians-

schreins gehalten werden, so ermöglichen die Abbildungen doch die betrachtende Besinnung auf das, was unsere Diözesanpatrone uns zu sagen haben.

Die Fülle an Texten erlaubt eine Auswahl für den jeweiligen Gottesdienst. Die Kurzandachten bereichern zudem das Textangebot.

Für Wallfahrten zu den Verehrungsstätten der heiligen Frankenapostel – Kiliansgruft der Neumünsterkirche und Hoher Dom zu Würzburg – schließen sich nach den Andachten Vorlagen für die Gestaltung an.

Möge dieses Andachts- und Wallfahrtsbuch einer tiefen Verehrung unserer heiligen Diözesanpatrone dienen.

Jürgen Lenssen

Kiliansandachten

Zum Beginn

LIED

1

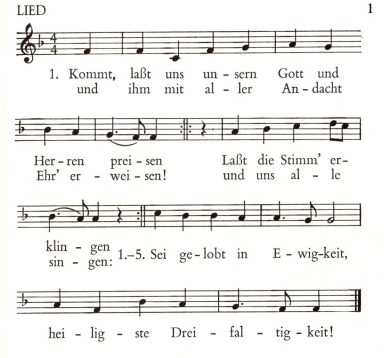

1. Kommt, laßt uns un - sern Gott und
und ihm mit al - ler An - dacht
Her - ren prei - sen
Ehr' er - wei - sen!
Laßt die Stimm' er-
und uns al - le
klin - gen
sin - gen:
1.–5. Sei ge - lobt in E - wig-keit,
hei - lig - ste Drei - fal - tig - keit!

3. Zu uns herab ist Gottes Sohn gekommen, / hat unser Fleisch und Blut an sich genommen, / hat für uns gestritten, / viel für uns gelitten.
4. Und wie verheißen, kam aus Himmelshöhen / der Heil'ge Geist in gnadenvollem Wehen. / Stärk uns heut aufs neue, / gib uns Kraft zur Treue.

T und M: Bamberg 1707 (GL 816)

MARI FONS OSTIUM AQUAE TERRARUM DEUS TU OMNIUM CREPIT BONORUM A TE BONA PLENITUDO ET BEATIDUM LUX IN BINIS LAUS ET PORTRA ECCAPAIT PLURIME COELUM AC TERRA A MARI AD MARE LAUSIT HAC DIE

ADORANDA VENERANDA TRINITATIS EST USIA
TRINITATIS SUB FIGURA SACRAMENTA LATENT PLURA

GLORIA PATRI ET FILIO ET SPIRITUI SANCTO

ERÖFFNUNG   2

V   Im Namen des Vaters und des Sohnes und des Heili-
gen Geistes. Amen.
Gepriesen sei der dreifaltige Gott
A   von nun an bis in Ewigkeit.
V   Wir stimmen ein in den Lobpreis der Dreifaltigkeit. Er
erklingt seit den Tagen der Urzeit. Die ganze Schöpfung
hallt davon wider.
A   Alles Geschaffene zeugt von der Herrlichkeit Gottes.
V   Lob und Ehre der Heiligsten Dreifaltigkeit,
A   unser Leben sei ihr geweiht.

ANRUFUNGEN   3

III V   Gott Vater im Him̲mel,   A   er-bar-me dich un-ser.

Gott Sohn, Erlöser der Welt
Gott Heiliger Geist
Heiliger dreifaltiger Gott   (GL 762,4)

BETRACHTUNG   4

V   Unzählige Menschen haben sich im Lauf der Ge-
schichte in den Dienst Gottes gestellt und Gott durch ihr
Leben verherrlicht. So legten auch die Frankenapostel
Kilian, Kolonat und Totnan Zeugnis für Gottes Größe und
Liebe ab. Sie waren eins im Willen, ihr Leben in den
Dienst Gottes zu stellen.
A   Vater, Sohn und Heiliger Geist: drei Personen, ein
Gott, vereint in der Liebe.
Kilian, Kolonat und Totnan: drei Jünger, ein Glaube, ver-
eint im Apostolat.

V Wir rufen *mit einem altirischen Gebet* den dreifaltigen Gott an. Wir loben und preisen ihn. Gleich den irischen Glaubensboten bitten wir den dreieinigen Gott, er möge uns bestärken, seinen Willen zu tun:

5 A Ich beuge mein Knie
im Angesicht des Vaters, der mich erschaffen,
im Angesicht des Sohnes, der mich angenommen,
im Angesicht des Geistes, der mich reinigt,
in Freundschaft und Zuneigung.
V Durch deinen Gesalbten, o Gott,
gib uns deine Fülle in unserer Armut:
Liebe zu Gott,
die Zuneigung Gottes,
das Lächeln Gottes,
die Weisheit Gottes,
die Gottesfurcht,
die Gnade Gottes,
zu wirken in dieser Welt im Zeichen der Drei
wie Engel und Heilige im Himmel tun.
A In Schatten und Licht,
jeden Tag und jede Nacht,
zu jeder Zeit in Güte.
Gib uns deinen Geist!

6 V Zusammen *mit den mittelalterlichen Betern,* deren Worte das Bild der Dreifaltigkeit einrahmen, ehren wir unseren Herrn und Gott:
A Meer, Quelle, Mündung du, aller Gewässer:
Gott, du, der Ursprung all unserer Güter;
aus dir erfließt unser Gut, in dich mündet es.
V Lob dir, Dreieinigkeit, Ehre und Vollmacht.
Dich loben Flüsse und Himmel und Erde.

Von Meer zu Meer gelobt seist du heute.
A   Anzubeten und zu ehren ist das Wesen der
Dreieinheit.
Bilder der Dreieinheit bergen
viele heil'ge Gnadenzeichen.
V   Ehre sei dem Vater und dem Sohn und dem Heiligen
Geist,
A   wie im Anfang so auch jetzt und allezeit und in Ewig-
keit. Amen.

LIEDRUFE   7

V 1. Prei - set den Herrn, denn   er   ist   gut.

A 1.-6. Dan - ket dem Herrn, denn er   ist   gut.

2. Sein Wort ist Licht auf unserm Weg.
4. Er wirkt in uns durch seinen Geist.
6. Er sendet uns in diese Welt.

Q 36   (GL 280)

WECHSELGEBET   8

V   Wie die Frankenapostel sind auch wir zum Dienst
Gottes berufen.
A   Mit Kilian, Kolonat und Totnan treten wir in die
Nachfolge Christi.
V   Wie die Frankenapostel verkünden wir in Wort und
Tat den dreifaltigen Gott.
A   Mit Kilian, Kolonat und Totnan lobpreisen wir Gott
in unserem Gebet und übereignen ihm unser Leben.

V   Wie die Frankenapostel nehmen wir das Kreuz an, um mit Christus zu leben und zu sterben.

A   Mit Kilian, Kolonat und Totnan dürfen wir der Herrlichkeit entgegengehen, die Gott denen bereitet hat, die ihn lieben.

V   Wie die Frankenapostel stimmen wir in den Lobpreis Gottes ein. Mit dem Lobgesang der drei Jünglinge im Feuerofen rufen wir:

A   Gepriesen bist du, Herr, du Gott unserer Väter, gelobt und gerühmt in Ewigkeit.

V   Preist den Herrn, ihr Menschen; lobt und rühmt ihn in Ewigkeit.

A   Preist den Herrn, ihr seine Knechte; lobt und rühmt ihn in Ewigkeit.

V   Preist den Herrn, ihr Demütigen und Frommen; lobt und rühmt ihn in Ewigkeit.

A   Denn er hat uns aus der Unterwelt entrissen und aus der Gewalt des Todes errettet.

V   Dankt dem Herrn, denn er ist gütig;

A   denn seine Huld währt ewig. Amen.

9 LIED

Ich glaube, Gott, daß du es bist, / in dem wir sind und leben. / Ich glaube auch, daß Jesus Christ / für uns sich hingegeben. / Ich glaube an den Heil'gen Geist, / der uns im Guten unterweist / und uns zum Heile führet.

T: Konstanzer Gesangbuch 1812
M: »Allein Gott in der Höh sei Ehr«   (GL 812)

Von Christus berufen

EINFÜHRUNG   **10**

V   Das Lebenszeugnis der Frankenapostel verweist auf
Grundsituationen christlichen Lebens: Es kann uns helfen,
unsere Berufung in die Jüngerschaft des Herrn zu erken-
nen und ihr gemäß zu leben. Das Evangelium wie auch die
Lebensbeschreibung des heiligen Kilian versichern uns:
Wir sind von Christus berufen.
V   Jesus sagt uns: Nicht ihr habt mich erwählt, sondern
ich habe euch erwählt.
Und ich habe euch dazu bestimmt, daß ihr Frucht bringt
und daß eure Frucht bleibt.
A   Die Frankenapostel ließen sich vom Herrn rufen.
V   Auch an uns ergeht Christi Wort.
A   Rede, Herr, dein Diener hört.

LIED   **11**

1. Herr, gib uns Mut zum Hö - ren auf
das, was du uns sagst. Wir dan - ken
dir, daß du es mit uns wagst.

2. Herr, gib uns Mut zum Glauben an dich, den einen
Herrn. / Wir danken dir; denn du bist uns nicht fern.

T und M: Kurt Rommel 1964   (GL 521)

Die neutestamentliche Tafel des Schreins

12 BETRACHTUNG

V Jesus beruft Simon und Andreas am See von Gennesaret. Das Schreinbild, das uns darauf hinweist, wird von einem Schriftband umrahmt, das diese Szene festhält:

Als Jesus am See von Galiläa entlangging, sah er Simon
und Andreas, den Bruder des Simon, die auf dem See ihre
Netze auswarfen (sie waren nämlich Fischer).

Da sagte er zu ihnen: Kommt her, folgt mir nach! Ich
werde euch zu Menschenfischern machen. Sogleich ließen
sie ihre Netze liegen und folgten ihm.   Mk 1, 16–18

Kurze Stille

Jesus ruft die Jünger auf, ihm zu folgen und ihr Leben in den Dienst am Reich Gottes zu stellen. In dieser Berufung verweist der Herr zugleich auf den Vater, auf dessen Geheiß er in unsere Welt kam, um das Reich Gottes zu verkünden und die Menschen zu Mitarbeitern am Reich Gottes zu bestellen. Der Anruf des Herrn schließt die Befähigung zu seiner Mitarbeit ein – dank göttlicher Gnade.

Die Berufenen wissen im Augenblick des Anrufes noch nicht darum, zu sehr steht ihnen die eigene Schwachheit vor Augen: Wie können wir mit unserer begrenzten Kraft dem Ruf des Herrn entsprechen? Warum gerade wir?

Diese Fragen, die sich wohl jeder Mensch stellt, wenn er den Ruf des Herrn wahrnimmt, bewegen auch die Apostel Simon und Andreas und lassen sie noch einen Moment zaudern. Ihre Bereitschaft aber, dem Ruf Jesu zu folgen, überwindet die inneren Einwände. Stehen sie noch in ihrem Fischerboot, das Netz in den Händen, werden sie das Fischernetz fallenlassen, aus dem Boot steigen und dem Herrn folgen, um in seinem Auftrag ein anderes Netz auszuwerfen. Die Berufung führt zur Tat.

Die Berufenen folgen dem in Christus erschienenen Licht, das die Menschen aus der Finsternis herausholt und in eine neue Welt führt. Die Berufenen ziehen die ihnen anvertrauten Menschen in den Lichtkreis Christi, in seine neue Welt.

ALTIRISCHER CHRISTUSHYMNUS   13

V   Den Einbruch des göttlichen Lichtes in die Welt durch die Menschwerdung des Gottessohnes und durch seine Zuneigung zu den Menschen preist der altirische Hymnus:
V   Zur Zeit, bevor Gottes Sohn gekommen,
war die Erde ein schwarzer Morast,

ohne Sterne, ohne Sonne, ohne Mond,
ohne Körper, ohne Herz, ohne Form.
A   Es erhellten sich die Ebenen, die Hügel,
es erhellte sich die große grüne See,
der ganze Erdkreis leuchtete auf,
als Gottes Sohn zur Erde kam.

14 LIED

1. Mor - gen - stern der fin - stern Nacht, der die
Welt voll Freu - den macht, Je - su mein,
komm her - ein, leucht in mei - nes Her - zens
Schrein, leucht in mei - nes Her - zens Schrein.

4. Du erleuchtest alles gar, / was jetzt ist und kommt und
war; / voller Pracht wird die Nacht, / weil dein Glanz sie angelacht, / weil dein Glanz sie angelacht.
5. Deinem freudenreichen Strahl / wird gedienet überall; /
schönster Stern, weit und fern / ehrt man dich als Gott den
Herrn, / ehrt man dich als Gott den Herrn.

T: Angelus Silesius (Johann Scheffler) 1657; M: Georg Joseph 1657   (GL 555)

15 CHRISTUSRUFE

V   Herr Jesus Christus: A   Du bist der Herr.
Du bist das Licht:

Du bist die Sonne:
Du bist das Wort:
Du bist der Meister:
Du bist der Weg:
Du bist die Wahrheit:
Du bist das Leben:
Du bist der Zeuge des Vaters:
Du bist der Grundstein:
Du bist die Zukunft:
Sohn Gottes:

GEBET   16

V Herr Jesus Christus, du hast die Jünger zur Mitarbeit
im Reiche Gottes gerufen. Du hast sie befähigt, den ihnen
aufgetragenen Dienst zu erfüllen. Herausgerufen aus ihren
Gewohnheiten, entdeckten sie, daß mit dir eine neue Zeit
und eine neue Welt angebrochen ist. Ihre bisherigen Tätig-
keiten hast du in ein neues Licht und in eine neue Aufgabe gestellt. Wir loben dich und danken dir, du Wort des
ewigen Vaters.
A   Amen.

LIED   17

5. Ich danke dir, du wahre Sonne, / daß mir dein Glanz
hat Licht gebracht; / ich danke dir, du Himmelswonne, /
daß du mich froh und frei gemacht; / ich danke dir, du
güldner Mund, / daß du mich machst gesund.
6. Erhalte mich auf deinen Stegen / und laß mich nicht
mehr irregehn; / laß meinen Fuß auf deinen Wegen /
nicht straucheln oder stillestehn; / erleucht mir Leib und
Seele ganz, / du starker Himmelsglanz.

T: Angelus Silesius (Johann Scheffler) 1657; M: Georg Joseph 1657   (GL 558)

Die Kilianstafel des Schreins

18 BETRACHTUNG

V   In der älteren Lebensbeschreibung des heiligen Kilian
lesen wir:

Durch die Stimme des Evangeliums und zugleich des
Herrn ermahnt, erwog der hochselige Mann, ganz im Herzen und im Geist davon ergriffen: »Wer mein Jünger sein
will, der verleugne sich selbst, nehme sein Kreuz auf sich
und folge mir nach« (Lk 9, 23).   Passio minor 2

Kurze Stille

*Christus, das Alpha und Omega, der Herr der Zeiten und
der Ewigkeit, ruft in die Zeit und beruft Menschen zum*

Dienst am Reiche Gottes. Was mit Simon und Andreas am See Gennesaret begonnen hat, findet unzählige Male seine Fortsetzung. Kilian, Kolonat und Totnan hören auf den Anruf des Herrn. Sie lassen sich vom Herrn in den Dienst nehmen. Diese Bereitschaft schließt auch die Kreuzesnachfolge mit ein. Die Anbetung und Verehrung Christi, des erhöhten Herrn, für die das altirische Mönchtum und mit ihm die Frankenapostel in besonderer Weise Vorbild sind, lassen Herz und Hände weit für das Kreuz öffnen, das der Herr seinen Jüngern entgegenhält und auferlegt.

Die Berufung und Sendung schließen das Kreuz mit ein. Wie der Meister, so auch der Knecht. Jeder Berufene weiß darum. Er weiß aber auch – wie Kilian – um den Sieg des Kreuzes. Berufung heißt deshalb Teilhabe am Sieg und an der Herrschaft Jesu Christi. Die Erhöhung dessen, der dem Ruf des Herrn in Treue folgt, nimmt im Augenblick des Anrufes schon ihren Anfang.

ALTIRISCHER HYMNUS   19

V   Aus dem 9. Jahrhundert ist uns ein irischer »Lobgesang des Gerechten« überliefert. Er hält uns vor Augen, daß derjenige, der auf den Herrn hört, dessen Licht empfangen und weitergeben darf. In diesem Lobpreis klingt an, welches leuchtende Vorbild Kilian mit seinen Gefährten für uns ist.

V   Lauteres Gold, der Himmel um die Sonne,
ein silbernes Gefäß, mit Wein gefüllt,
ein Engel, die Weisheit des Heiligen
ist er, der den Willen des Königs tut.

A   Ein süß duftender Zweig voller Blüten,
eine Schale voller Honig,
ein Edelstein, der Glück bringt,
ist er, der den Willen des Gottessohnes vom Himmel tut.

V   Er, der den Willen des Gottessohnes vom Himmel tut,
ist eine strahlende Sommersonne,
ist der Baldachin Gottes im Himmel,
ist ein Gefäß aus klarem Kristall.
A   Ein siegreiches Rennpferd auf glatter Bahn,
der Mensch, der das Reich des großen Gottes erstrebt,
er ist der Triumphwagen unter einem König,
der den Sieg erringt.
V   Eine Sonne, die den heiligen Himmel wärmt,
ein Mensch, der Wohlgefallen vor dem großen König
findet,
ein Tempel voller Segen und Pracht,
ein Heiligenschein, mit Gold bedeckt.
A   Er ist ein Altar, auf dem Wein geschenkt wird,
umklungen von vielen Melodien,
er ist ein blanker Kelch, mit Trank gefüllt,
er ist leuchtend helle Bronze, er ist Gold.

V   In der Frömmigkeit, aus der heraus dieser Lobpreis auf
den Jünger Christi erwachsen ist, bereitete sich Kilian auf
den Anruf des Herrn vor. Im Blick auf das Vorbild, das das
Lied besingt, konnte seine Bereitschaft reifen, den Ruf des
Herrn anzunehmen.
Seine Haltung ist für uns das Beispiel, das es nachzuahmen
gilt.

20 LIED
1. Sankt Kilian, Sankt Kolonat,
Sankt Totnan: Ihr streut aus die Saat
für Christi Reich, das er begonnen
und an dem Kreuz für uns gewonnen.
2. Euch hat der Herr ganz wunderbar
erwählt zu seiner Jünger Schar.

In Treue folgtet ihr dem Herren,
den freudig wir mit euch verehren.
3. An uns ergeht des Herren Ruf,
der mit euch seine Kirche schuf
in unserm Land für alle Zeiten.
Sein Wort wird uns – gleich euch – begleiten.

T: Jürgen Lenssen   M: »Nun lobet Gott im hohen Thron«   (GL 265)

BESINNUNG   21

V   Die Berufung der Jünger sowie die Berufung der Frankenapostel lassen uns fragen: Wie steht es um unsere Berufung? Auch an uns ergeht der Ruf Christi. Der Herr will
uns in den Dienst am Reiche Gottes nehmen. Dieser
Dienst fordert in mannigfacher Weise. Er ist in jedem Alter, in jedem Beruf, zu jeder Zeit und an jedem Ort fällig.
Wir haben unsere Berufung in der Familie, in der Kirche
und in der Gesellschaft zu leben. Überall gilt es, durch
Wort und Werk das Reich Gottes zu verkünden.

WECHSELGEBET   22

V   Christus ruft auch uns.
A   Wir schenken ihm oft kein Gehör.
V   Er will uns in seinen Dienst nehmen.
A   Wir richten unser Leben oft auf andere Ziele aus.
V   Er bietet sich uns an.
A   Wir scheuen vor dem fordernden Wort Jesu zurück.
V   Er will uns zur Jüngerschaft befähigen.
A   Wir erschrecken angesichts unserer Schwachheit.
V   Wir wissen um unser Versagen. Wir wissen aber auch
um unsere Berufung. Damit wir dem Herrn die Treue
nicht verweigern und in Gefahr laufen, unsere Berufung
zu verlieren, bitten wir den Herrn:
A   Schenk uns die Bereitschaft, deinen Anruf zu hören

und zu befolgen. Laß uns unsere Schwachheit tragen und sie mitsamt unseren Fähigkeiten in deinen Dienst einbringen. Was wir gefehlt haben, vergib. Was wir beginnen, vollende. Steh uns bei, damit wir von ganzem Herzen bekennen: Wir sind bereit.

V   Besonders wollen wir derer gedenken, die sich ihrer Berufung zum geistlichen Dienst stellen.

Herr Jesus Christus, wir bitten dich:

Erwecke in vielen jungen Menschen Offenheit und Bereitschaft, ihre Berufung zu erkennen und anzunehmen:

A   Wir bitten dich, erhöre uns.

V   Bestärke alle, die ihrer Berufung folgen, damit in unserer Welt das Reich Gottes wachse: ...

Schenk allen, die ihrer Berufung zu entfliehen versuchen, die Gnade der Umkehr und des neuen Anfangs: ...

Berufe aus unserer Gemeinde junge Menschen in deinen besonderen geistlichen Dienst: ...

Laß aus unserer Verehrung der Frankenapostel die reiche Saat geistlicher Berufe aufgehen: ...

V   Angesichts einer großen geistlichen Not in unserer Welt bedürfen wir vieler Berufenen, die zur Mitarbeit am Reich Gottes in deiner Kirche bereit sind. Befähige uns, allen, die sich auf den Weg des geistlichen Dienstes gemacht haben, Hilfe und Stütze zu sein. Darum bitten wir dich, Christus, unseren Herrn. Amen.

23 LIED

3. O du Glanz der Herrlichkeit, / Licht vom Licht, aus Gott geboren, / mach uns allesamt bereit, / öffne Herzen, Mund und Ohren; / unser Bitten, Flehn und Singen / laß, Herr Jesu, wohl gelingen.

T: Tobias Clausnitzer 1663
M: Johann Rudolf Ahle 1664 / Wolfgang Karl Briegel 1687   (GL 520)

In der Nachfolge Christi

EINFÜHRUNG   **24**

V   Christus ruft die Menschen in seine Nachfolge. Der
Weg der Nachfolge führt vom irdischen Jesus zum erhöh-
ten Herrn und findet sein Ziel bei der Wiederkunft Christi
am Ende der Zeiten. Zwischen der ersten Jüngerberufung
und dem endzeitlichen Tag des Herrn haben alle, die dem
Herrn nachfolgen, für ihn Zeugnis abzulegen, haben die
Schritte nachzugehen, die er vorausgegangen ist. Dieses
Zwischenstadium vom Anbruch bis zur Vollendung des
Reiches Gottes, geprägt von Kampf, Selbstaufgabe und
auch Furcht, kann nur in einem grenzenlosen Vertrauen
bestanden werden.
V   Jesus sagt zu uns: Euer Herz lasse sich nicht verwirren.
Glaubt an Gott und glaubt an mich. Wenn ich gegangen
bin, um einen Platz für euch vorzubereiten, komme ich
wieder und werde euch zu mir holen, damit auch ihr dort
seid, wo ich bin. Und wohin ich gehe – den Weg dorthin
kennt ihr. Ich bin der Weg, die Wahrheit und das Leben;
niemand kommt zum Vater außer durch mich.
A   Die Frankenapostel folgten dem Herrn als dem Weg
ihres Lebens.
V   Auch wir sollen aufbrechen.
A   Auf dein Wort hin, Herr, wollen wir uns auf den Weg
machen.

25 LIED

1. Laßt uns lo - ben, Brü - der, lo - ben
Gott den Herrn, der uns er - ho - ben und so
wun - der - bar er - wählt; der uns aus der
Schuld be - frei - te, mit dem neu - en Le - ben
weih - te, uns zu sei - nen Söh - nen zählt;

3. daß wir allen Zeugnis geben, / die da sind und doch nicht leben, / sich betrügen mit dem Schein. / Laßt den Blinden uns und Tauben / Herz und Zunge aus dem Glauben, / aus der Liebe Zeugen sein.

T: Georg Thurmair 1948   M: Erhard Quack 1948   (GL 637)

Die neutestamentliche Tafel des Schreins

26 BETRACHTUNG

V Der Evangelist Markus berichtet von den Gefahren, denen die Jünger in der Nachfolge Christi ausgesetzt sind, von den Nöten, die sie dabei erleiden, und von der Hilfe, die ihnen geschenkt wird. Dieser Bericht umläuft als Umschrift die Schreintafel, die an das Geschehen auf dem See Gennesaret erinnert:

⟨Plötzlich erhob sich ein heftiger Wirbelsturm,⟩ und die
Wellen schlugen in das Boot, ⟨so daß es sich mit Wasser zu
füllen begann. Er aber lag hinten im Boot auf einem Kissen
und schlief⟩. Sie weckten ihn ⟨und riefen⟩: Meister, küm-
mert es dich nicht, daß wir zugrunde gehen? Da stand er
auf, ⟨drohte dem Wind⟩ und sagte zu dem See: Schweig, sei
still! Und ⟨der Wind legte sich und⟩ es trat völlige Stille
ein. Er sagte zu ihnen: Warum habt ihr solche Angst? Habt
ihr noch keinen Glauben? ⟨Da ergriff sie große Furcht, und
sie sagten zueinander: Was ist das für ein Mensch, daß
ihm sogar der Wind und der See gehorchen?⟩   Mk 4,37–41

Kurze Stille

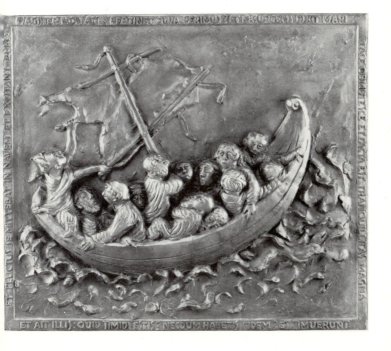

Der Bericht des Evangelisten Markus versetzt uns in eine
gewaltige Sturmszenerie:
Der Wind reißt an Segel und Mast. Das Segel droht zu zer-
fetzen. Das vom Sturm aufgepeitschte Wasser schlägt hohe,
bedrohliche Wellen. Wie eine Nußschale wird das Boot hin-
und hergeworfen. Es wird zum Spielball der Wellen. Den
ungezügelten Naturmächten scheinen die Jünger im Boot
hilflos ausgesetzt zu sein. Kläglich wirken die Versuche, Segel und Mast halten zu wollen. Ihre Kraft versagt gegenüber
dem Ansturm der Naturgewalten. In ihrer Not kauern sie
sich zusammen, um in der spürbaren Körpernähe Trost
und Hilfe zu finden. Bang und mit weit aufgerissenen Augen schauen sie dem Wind und seinem Toben zu – bis auf
einen. Der schläft, unangefochten vom Heulen des Stur-
mes: der Herr. Als ob er gar nicht betroffen sei. Als ob er
dem Schicksal seiner Jünger gegenüber gleichgültig sei. Als
ob er sie in ihrer Not und Bedrängnis allein lassen wolle.
Diese Situation spiegelt Erfahrungen der Kirche seit ihrem
Anfang wider. Von Anfang an empfanden sich die Glaubenden hilflos den sie bedrängenden Mächten ausgeliefert.
Machtlos sahen sie sich den »Gegenwinden« ausgesetzt.
Ihre vermeintliche Ohnmacht ließ sie zwar enger zusam-
menrücken, doch ihre Furcht blieb. Und der Herr, der ihnen seine Hilfe zugesagt hatte, schien fern und tatenlos zu-
zusehen.
Wer derart bedrängt wird, wer um seine eigene Hilflosigkeit
weiß, wer seine Ohnmacht erfährt und sich vor der feind-
lichen Übermacht nur noch ducken kann, der gibt es auf,
seinen vermeintlichen Kräften und Fähigkeiten zu vertrauen. Der kann einzig nur auf den Herrn bauen, seine
Hilfe erflehen.
Das Evangelium gibt hier eindeutige Antwort: Der Beistand
wird nicht verweigert. Mehr noch: Der Herr erweist seine

Hilfe über das erwartete Maß hinaus und zeigt sich als Herr über alle Mächte und Gewalten. Keine Macht ist so groß, daß sie ihm nicht unterworfen ist.
Darauf gründet die Kirche in allen Nöten und Auseinandersetzungen ihr Vertrauen. Jeder, der dem Herrn nachzufolgen bereit ist, erfährt, daß ihm kein Kampf erspart bleibt. Er erfährt aber auch, daß der Herr bei ihm ist und ihn nicht untergehen läßt.

ALTIRISCHES GEBET   27

V   Mit der frühen Kirche Irlands beten wir voll Vertrauen das Gebet des heiligen Patrick, das wohl auch den Frankenaposteln schon bekannt war:
V   Ich erhebe mich heute durch
eine gewaltige Kraft,
die Anrufung der Dreifaltigkeit,
durch den Glauben an die Dreiheit,
durch das Bekennen der Einheit;
A   ich mache mich auf den Weg,
dem Schöpfer zu begegnen.
V   Ich erhebe mich heute
durch Gottes Kraft,
sie lenke mich.
A   Gottes Macht halte mich,
V   Gottes Weisheit führe mich,
A   Gottes Auge schaue für mich,
V   Gottes Ohr höre für mich,
A   Gottes Wort spreche für mich,
V   Gottes Hand schütze mich,
A   Gottes Weg liege vor mir,
V   Gottes Schild schirme mich.
A   Gottes Heerschar rette mich
vor den Schlingen des Teufels,

vor den Versuchungen des Bösen,
vor den Lockungen des Fleisches,
vor jedermann, der mir übel will,
fern und nah,
allein und in der Masse.

28 LIED

1. Zieh an die Macht,— du Arm des Herrn, wohl-
Noch hilfst du dei - nem Vol-ke gern, wie

auf und hilf —— uns strei - ten.
du ge - tan —— vor Zei - ten.   Wir sind im

Kamp-fe Tag und Nacht; o Herr, nimm gnä-dig

uns in acht und steh uns an —— der Sei - ten.

3. Herr, du bist Gott. In deine Hand / o laß getrost uns fallen. / Wie du uns Hilfe zugesandt, / so hilfst du fort noch allen, / die dir vertraun und deinem Bund / und freudig dir von Herzensgrund / ihr Loblied lassen schallen.

T: Friedrich Oser 1865   M: Melchior Vulpius 1609   (GL 304)

29 CHRISTUSRUFE

V   Herr Jesus Christus: A   Du bist der Herr.
Du unser Halt:
Du Halt in der Bedrängnis:

Du Halt in den Auseinandersetzungen:
Du Halt in der Bedrohung:
Du Halt in der Gefahr:
Du Halt in der Schwachheit:
Du Halt in der Ohnmacht:
Du Halt in der Hilflosigkeit:
Du Halt in der Furcht:
Du Halt in der Angst:
Du Halt in der Not:
Sohn Gottes:

GEBET   30

V   Herr Jesus Christus, in deiner Nachfolge sahen sich die
Jünger gleich dir verfolgt und bedroht. Gefordert bis an die
Grenzen des Erträglichen, erlebten sie deine Nähe. Du
standest ihnen bei. Durch alle Zeiten, auch wenn eine
übergroße Not die Glaubenden zu besiegen droht, warst
du den Deinen nahe. Gestärkt in diesem Vertrauen, das du
durch wunderbare Zeichen deiner Macht bestätigt hast,
blieben deine Jünger dir treu. So hast du durch sie dein
Werk fortgesetzt zu unserem Heil und als Hoffnung für
uns. Dir sei Lobpreis und Dank. Amen.

LIED   31

4. Soll's sein, so sei's! Wie mein Gott will, sein Wille ist
der beste! / Er hat mir schon gesetzt sein Ziel, daran halt
ich mich feste. / In Freud und Leid, zu aller Zeit helf ich
sein Werk vollbringen. / Soll's sein, so sei's! Lob, Ehr und
Preis will ich ihm ewig singen.

T und M: München 1637   (GL 886)

Die Kilianstafel des Schreins

32 BETRACHTUNG

Wie Jesus mit seinen Jüngern im Boot ausgefahren ist, so
hat es Kilian getan. Auf der Fahrt ins Ungewisse war er vielen Gefahren ausgesetzt. Von seinem Aufbruch berichtet
die älteste Lebensbeschreibung:

Er versammelte seine Gefährten und Schüler um sich,
⟨nämlich die Priester Colonat, Gallo und Arnuval sowie
den Diakon Totnan, denen sich noch sieben andere an-
schlossen,⟩ und begann sie zu überzeugen, ⟨dem Evangelium des Herrn gemäß⟩ das Vaterland und die Eltern zu
verlassen und ohne alles Christus nachzufolgen. Fest miteinander vereint ließen sie alles zurück ⟨und⟩ brachen von
ihrem Vaterland auf.   Passio minor 2 f.

Kurze Stille

*Kilian und seine Gefährten brechen auf und folgen so dem
Ruf des Herrn, der an sie ergangen ist. Sie verlassen ihr
Vaterland, die Insel Irland, um die Botschaft in ihnen un-
bekannten Ländern zu verkünden. Sie vertrauen sich ganz
dem Beistand des Herrn an, nicht wissend, wohin er sie
führen wird. Der Herr ist ihr einziger Halt.*

*Das läßt uns an den Vater des Glaubens, an Abraham den-
ken: Aufgrund des Glaubens gehorchte Abraham dem Ruf,
wegzuziehen in ein Land, das er zum Erbe erhalten sollte;
und er zog weg, ohne zu wissen, wohin er kommen würde
(vgl. Hebr 11, 8).*

*Noch ein weiterer Schriftbezug klingt an, wenn von elf Be-
gleitern des heiligen Kilian die Rede ist. In dieser Schar der
zwölf Glaubensboten finden wir die Gemeinschaft der
zwölf Apostel wieder. Hier fahren nicht nur Kilian und*

seine elf Gefährten in apostolischem Dienst; hier bewegt
sich das Schiff der Kirche durch die Wellen der Zeit.
Inmitten der Gefährten steht Kilian. Er weiß darum, daß
der eingeschlagene Weg unter dem Zeichen des Kreuzes
steht. Wie das Kreuz zum Segen gereicht, wird es zugleich
auch Widerstand und Bedrängnisse in sich bergen, die es
zu bestehen gilt. Um an beidem, am Segen und am Sieg,
Anteil zu haben, stellt sich Kilian mit seinen Gefährten unter das Kreuz.
Für alle Bootsinsassen ist das Kreuz sichtbar im Mast und
Segelbalken des kleinen Schiffes. Über dem Segelbalken
hängt aufgerafft das Segeltuch. Wie das Leichentuch des
Herrn windet sich das Segel um seinen Balken. Das Mast-
kreuz des Schiffes wird zum österlichen Heilszeichen. Ki-

lian und seine Gefährten tragen die Osterbotschaft, das Wort vom auferstandenen und erhöhten Herrn in die Welt. Als Auferstandener ist der Herr mitten unter seinen zwölf Jüngern. Er begleitet sie und geleitet das Schiff durch die Wellen.

Viele Stürme und Gegenwinde wird es zu ertragen haben. Keine Macht aber wird sein Untergang sein, da es der Herr geleitet. Wer im Namen Jesu Christi und in seiner Nachfolge sich auf den Weg macht, kann seines Beistands gewiß sein. Wer unter dem Zeichen des Kreuzes dem Ruf des Herrn folgt, wird zwar das Kreuz auch als Leid und Tod erfahren, zugleich aber auch als Durchgang zum Leben und Teilhabe an der Auferstehung des Herrn. Das ist das Ziel, auf das Kilian und seine Gefährten zusteuern.

33 ALTIRISCHES GEBET

V   Wir stimmen in das Gebet des heiligen Patrick ein und bekennen mit ihm unser Vertrauen auf den Herrn, der uns auf den Wegen seiner Nachfolge begleitet:

V   Ich erhebe mich heute
kraft der Geburt Christi und seiner Taufe,
kraft seiner Kreuzigung und seiner Grablegung,
kraft seiner Auferstehung und seiner Himmelfahrt,
kraft seiner Wiederkunft zum Letzten Gericht.

A   Ich erhebe mich heute
kraft der Liebe der Cherubim,
im Gehorsam der Engel,
im Dienen der Erzengel,
in der Hoffnung auf die Auferstehung und ihre Gaben,
in den Gebeten der Patriarchen,
in den Weissagungen der Propheten,
in der Verkündigung der Apostel,

in dem Glauben der Bekenner,
in der Unschuld der heiligen Jungfrauen,
in den Werken der Gerechten.
V   Christus mit mir, Christus vor mir,
Christus hinter mir,
A   Christus in mir, Christus unter mir,
Christus über mir,
V   Christus mir zur Rechten, Christus mir zur Linken,
A   Christus, wo ich liege, Christus, wo ich sitze,
Christus, wo ich mich erhebe,
V   Christus im Herzen eines jeden, der meiner gedenkt,
A   Christus im Munde eines jeden, der zu mir spricht,
V   Christus in jedem Auge, das mich sieht,
A   Christus in jedem Ohre, das mich hört.
V   Ich erhebe mich heute
durch eine gewaltige Kraft,
die Anrufung der Dreifaltigkeit,
durch den Glauben an die Dreiheit,
durch das Bekennen der Einheit;
A   ich mache mich auf den Weg,
dem Schöpfer zu begegnen.

LIED   34

3. Die Kirche ist erbauet / auf Jesus Christ allein. / Wenn
sie auf ihn nur schauet, / wird sie im Frieden sein. / Herr,
dich preisen wir, / auf dich bauen wir; / laß fest auf diesem Grund / uns stehn zu aller Stund.
4. Seht Gottes Zelt auf Erden! / Verborgen ist er da; / in
menschlichen Gebärden / bleibt er den Menschen nah. /
Herr, wir danken dir, / wir vertrauen dir; / in Drangsal
mach uns frei / und steh im Kampf uns bei.

T: Hans W. Marx 1972   M: Joseph Mohr 1876   (GL 639)

35 BESINNUNG

V   Wie die Jünger und die Frankenapostel finden auch wir uns auf einer abenteuerlichen Lebensfahrt. Stellen wir darin unser Leben unter das Zeichen des Kreuzes in bedingungslosem Vertrauen auf den Herrn? Oder lassen wir uns von Furcht und Angst gefangennehmen?

Im Blick auf den auferstandenen Herrn können wir unsere Furcht verlieren und unsere Nachfolgebereitschaft erneut unter Beweis stellen.

Wir wollen dem Herrn nachfolgen und uns von ihm an allen Orten und in allen Situationen unseres Lebens fordern lassen. Unser Lebensvollzug soll von der frohen Botschaft künden, die er uns gebracht und die er uns zur Weitergabe aufgetragen hat.

Ob wir im Auftrag der Kirche in fernen Ländern in missionarischem Geist Zeugnis für ihn geben oder daheim in der Familie, an der Arbeitsstätte oder in anderen Lebensräumen, immer stehen wir in der Nachfolge Christi. In ihr sind wir von seinem Auftrag gefordert und fühlen uns zugleich unserer eigenen Schwachheit wie auch dem Unverständnis oder der Ablehnung seitens unserer Umgebung ausgesetzt. Gerade in dieser Situation wächst unsere Erkenntnis, daß wir auf den Herrn als unseren Halt angewiesen sind.

36 WECHSELGEBET

V   Christus vertraut uns sein Reich an.
A   Wir sind gebannt von Angst und Furcht.
V   Er ist mitten unter uns. Er ist uns immer nah.
A   Wir fühlen uns oft von ihm verlassen.
V   Er weist uns ein Ziel.
A   Wir lassen uns oft ziellos treiben.

V Wir wissen um unsere Kleingläubigkeit. Wir wissen aber auch, daß die Hilfe Gottes größer ist als alle Widernisse, die sich uns entgegenstellen und uns an der Nachfolge Christi hindern wollen. Damit wir nicht der Furcht erliegen, bitten wir den Herrn:

A Sei uns nahe in unserem Bemühen, dir zu folgen. Gewähre uns deine Hilfe, wenn unsere Kräfte schwinden und Angst und Resignation uns befallen. Stärke unseren Glauben. Du bist in unserer Mitte. Du bist das Geleit auf unserer Lebensfahrt. So rufen wir: Wir vertrauen dir.

V In unserem Gebet gedenken wir aller, die bereit sind, dem Herrn in ihren Möglichkeiten und Lebensbereichen nachzufolgen.

Herr Jesus Christus, wir bitten dich:

Erneuere in allen Getauften die Taufgnade, damit sie treu ihrer Erwählung nach deinem Willen leben:

A Wir bitten dich, erhöre uns.

V Steh uns in unserem Bemühen bei, die Ordnung unserer Welt und Gesellschaft nach deinem Willen zu prägen: ...

Laß uns in deiner Nachfolge für alle Notleidenden und Bedrückten ein Zeichen der Hoffnung und wahre Helfer sein: ...

Bestärke uns in unserem Willen, unseren Lebensvollzug als einzelner und als deine Gemeinde auf dich hin auszurichten: ...

Sei uns, wie den Frankenaposteln, auf unserem Glaubensweg nahe, damit wir glaubwürdige Zeugen deiner frohen Botschaft sind: ...

V Auf unserem Weg durch die Zeit sind wir vielfach in der Gefahr, in die Irre zu gehen. Öffne unsere Herzen und Sinne, damit wir nicht von dem Weg abweichen, der hinführt zu dir, Christus, unserem Herrn. Amen.

37 LIED

5. Du Hirt, von Gott gesandt, / um sicher durch die Zeiten / das Volk des Herrn zu leiten / in das verheißne
Land: / du Hirt, von Gott gesandt.

6. Du bist das Licht der Welt. / Du bist zu uns gekommen,
/ und die dich aufgenommen, / die sind durch dich erhellt: / du bist das Licht der Welt.

T: Friedrich Dörr 1954/1971   M: Hans Kulla 1956   (GL 538)

Mit Christus missionieren

EINFÜHRUNG   38

V Was in der alttestamentlichen Zeit noch Hoffnung
und Erwartung war, wird in Jesus Christus Wirklichkeit:
Mit ihm beginnt eine neue Zeit. Das Reich Gottes nimmt
seinen Lauf durch die Zeit und drängt auf seine Vollendung hin. Dieser Heilsprozeß verpflichtet alle, die an Christus glauben, zum Zeugnis und zur Mitarbeit. Die Verkündigung des Reiches Gottes dient den Menschen zur Freude
und zum Heil. So schreibt der Apostel Paulus: Mitarbeiter
eurer Freude sind wir.
Die Mitarbeit am Aufbau des Gottesreiches führt die Menschen aus dem Dunkel heraus in eine lichtvolle Zukunft.
Die Schar der Zeugen und Mitarbeiter reicht von den Tagen Jesu an über die Frankenapostel bis in unsere Zeit und
darüber hinaus. Das Werk Jesu Christi setzt sich in allen
Menschen fort, die getreu ihrer Berufung in die Nachfolge
des Herrn treten und sich als Diener der frohen Botschaft
einsetzen. Jeder Glaubende ist zu diesem Zeugnis für den
Herrn gerufen: Wir alle sind Mitarbeiter am Reich Gottes.
V Jesus sagt zu uns: Wer an mich glaubt, wird die
Werke, die ich vollbringe, auch vollbringen, und er wird
noch größere vollbringen, denn ich gehe zum Vater.
Mein Vater wird dadurch verherrlicht, daß ihr reiche
Frucht bringt und meine Jünger werdet.
A Die Frankenapostel verherrlichten Gott in ihrer Ge-
folgschaft Christi.
V Auch wir sind gerufen, durch das Zeugnis unseres
Glaubens unsere Mitmenschen zu Gott zu führen.
A Wir sind Mitarbeiter am Reich Gottes.

39 LIED

1. Son - ne der Ge - rech - tig - keit,
ge - he auf zu uns - - rer Zeit;
brich in dei - ner Kir - che an, daß die
Welt es se - hen kann. Er - barm dich, Herr.

2. Weck die tote Christenheit / aus dem Schlaf der Sicher-
heit, / daß sie deine Stimme hört, / sich zu deinem Wort
bekehrt. / Erbarm dich, Herr.

5. Gib den Boten Kraft und Mut, / Glauben, Hoffnung,
Liebesglut, / und laß reiche Frucht aufgehn, / wo sie unter Tränen sä'n. / Erbarm dich, Herr.

6. Laß uns deine Herrlichkeit / sehen auch in dieser Zeit /
und mit unsrer kleinen Kraft / suchen, was den Frieden
schafft. / Erbarm dich, Herr.

T: nach einem von Otto Riethmüller (1932) aus älteren Strophen zusammengestellten Lied   M: Nürnberg 1556 / Eibenschütz 1566   (GL 644)

Die neutestamentliche Tafel des Kiliansschreins

40 BETRACHTUNG

V   In der Bergpredigt Jesu ist zusammengefaßt, was er uns
vom Willen des Vaters, vom Reich Gottes und von unserem Auftrag zu sagen hat.

Das Schriftband der Bildtafel gibt aus ihr auszugsweise wieder:

⟨Als Jesus die vielen Menschen sah, stieg er auf einen Berg. Er setzte sich, und⟩ seine Jünger traten zu ihm. ⟨Dann begann er zu reden,⟩ und er lehrte sie:

Ihr seid das Salz der Erde. ⟨Wenn das Salz seinen Geschmack verliert, womit kann man es wieder salzig machen? Es taugt zu nichts mehr; es wird weggeworfen und von den Leuten zertreten.⟩ Ihr seid das Licht der Welt. ⟨Eine Stadt, die auf einem Berg liegt, kann nicht verborgen bleiben. Man zündet auch nicht ein Licht an und stülpt ein Gefäß darüber, sondern man stellt es auf den Leuchter;

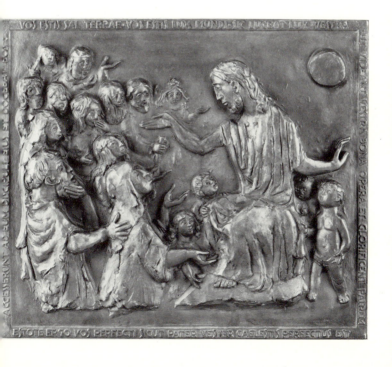

dann leuchtet es allen im Haus.⟩ So soll euer Licht ⟨vor den
Menschen⟩ leuchten, damit sie eure guten Werke sehen
und euren Vater ⟨im Himmel⟩ preisen. Ihr sollt also voll-
kommen sein, wie es auch euer himmlischer Vater ist.

Mt 5, 1 f. 13–16. 48

Kurze Stille

Der Herr kennt die Sehnsüchte und Hoffnungen der Men-
schen. Er weiß, wonach sie verlangen und wessen sie bedür-
fen. Gütig und voll Erbarmen wendet er sich ihnen zu. Er
verkündet ihnen die frohe Botschaft.
Gleich wie die Sonne die Macht der Finsternis bricht, er-
hellt die Bergpredigt das Leben der Menschen, nährt Hoff-
nung und Zuversicht auf eine lichte Zukunft hin. Der Herr
legt die Botschaft vom Reich Gottes offen dar. Nichts hält
er zurück. Seine Hand, in die der Vater das Heil aller gelegt
hat, streckt sich den Menschen offen und weit, einladend
und schenkend entgegen. Alle, die sein Wort hören, kön-
nen es aufnehmen. Was aus der göttlichen Hand fließt,
können die Menschen empfangen, gleichsam in ihre Hand
nehmen, um diesen Strom göttlicher Zuwendung und
Offenbarung weiterfließen zu lassen. Die Hörer der Bergpre-
digt, die sich um Jesus scharen, erkennen, daß der Herr ihre
bis dahin leeren und suchenden Hände mit dem kostbaren,
lebenspendenden Gut seiner Botschaft füllt. Von ihm er-
warten und empfangen sie das ersehnte Heil. Die Verkündi-
gung Jesu Christi bricht in ihr bis dahin dunkles Leben ein
wie die Morgensonne eines neuen Tages, der sich alles Le-
bendige entgegenstreckt.
Kindern gleich schenken sie ihr ganzes Vertrauen dem
Herrn. Wer sich dem Herrn wie ein Kind vertrauensvoll
übereignet und in seiner Anhänglichkeit nicht nachläßt,
wird zum treuen Verwalter und Träger der frohen Bot-

schaft. Durch das Hören und Empfangen, Aufnehmen und Vertrauen haben die Glaubenden Anteil am Sohn Gottes, in dem der Welt das Licht des Lebens erstrahlt ist. Wer Christi Botschaft aufnimmt und sie verkündet, wer das Werk des Menschensohnes aufgreift und fortsetzt, wird selbst zum Licht, wird Lichtträger und Heilszeichen unter den Menschen.

ALTIRISCHES GEBET   41

V   Wir wollen auf die Botschaft Jesu Christi hören, sie in uns aufnehmen, um sie weiterzutragen, und Lichtträger und Zeugen seiner Liebe für alle Menschen nah und fern sein. Entzündet vom Feuer des göttlichen Wortes und der göttlichen Liebe wollen wir mit Gottes Beistand unsere Welt erhellen und mit seiner und unserer Liebe erfüllen. Um die Bereitschaft hierzu zu nähren und um unserer Sendung nachkommen zu können, bitten wir um Gottes Hilfe mit dem altirischen Gebet:

V   Herr, ich bitte dich
im Namen deines Sohnes Jesus Christus, meines Gottes:
Gib mir die Liebe, die keinen Untergang kennt,
damit meine Lampe entbrennt und nicht verlischt,
damit sie mir glüht und anderen leuchtet.

A   Dir soll sie gehören, geliebtester Erlöser,
und dich uns offenbaren, wie wir dich flehentlich bitten,
damit wir dich erkennen und nur dich lieben,
daß wir dich allein lieben, dich allein ersehnen,
dich allein Tag und Nacht meditieren,
dich in all unseren Gedanken haben.

V   Hauch uns deine Liebe ein,
damit wir dich lieben, wie es dir gebührt.
Deine Liebe soll unser Innerstes ganz erfassen.
Deine Liebe soll uns ganz besitzen.

A   Deine Liebe erfülle unser ganzes Empfinden,
so daß wir keine andere Liebe kennen
als die zu dir, du Ewiger.
V   Deine Liebe soll durch keine Fluten der Erde,
der Luft und des Meeres
in uns ausgelöscht werden, deinem Wort gemäß:
»Auch mächtige Wasser können die Liebe nicht löschen.«
Durch deine Gnade, Herr Jesus Christus,
kann das selbst in uns wahr werden.
A   Dir sei die Ehre von Ewigkeit zu Ewigkeit. Amen.

42 LIED

1. Zi - on auf, wer - de licht, denn ge -
kom - men ist dein Licht; und die Herr - lich -
keit des Herrn stei - get ü - ber dir em -
por! In das Dun - kel nah und fern strahlt das
off - ne Mor - gen - tor. Hal - le - lu - ja.

T: Erfurt 1840   M: Limburg 1931   (GL 847)

CHRISTUSRUFE   43

| V Herr Jesus Christus: | A Dein Wort ist Leben. |

V   Herr Jesus Christus: A   Dein Wort ist Leben.
Zu dir kommen wir:
Auf dich hören wir:
Wir öffnen uns dir:
Wir sind für dich bereit:
Wir loben dich:
Wir verkünden dich:
Wir vertrauen dir:
Wir schenken uns dir:
Wir setzen dein Werk fort:
Wir gehen mit dir in eine neue Zeit:
Wir führen die Menschen zu dir hin:
Sohn Gottes:

GEBET   44

V   Herr Jesus Christus, du hast dich voll Erbarmen den
Menschen zugewandt. Du sammelst die Suchenden um
dich und weist ihnen den Weg zum Heil. In deiner Botschaft verkündest du den Willen des Vaters und beginnst
mit dem Aufbau des Reiches Gottes. Du legst diese Aufgabe in die Hände der Menschen. Sie sollen wie du Licht
sein für die Welt, auf daß sich alle Menschen nach dir, der
ewigen Sonne, ausrichten und ihr Heil erlangen. Wie du
dem Willen des Vaters gehorsam um unseres Heiles willen
in die Welt gekommen bist, so trägst du auch uns den Gehorsam auf, den wir dem Vater und dir als Dank für unsere Erlösung schulden. Wir danken dir für das Wort und
Werk des Lebens, das wir von dir empfangen haben. Dir
sei Ehre und Dank. Amen.

45 LIED

1. Ei - ne gro - ße Stadt er - steht, die vom Him - mel nie - der - geht in die Er - den - zeit. Mond und Son - ne braucht sie nicht; Je - sus Chri - stus ist ihr Licht, ih - re Herr - lich - keit.

2. Laß uns durch ein Tor herein / und in dir geboren sein, / daß uns Gott erkennt. / Laß herein, die draußen sind; / Gott heißt jeden Sohn und Kind, / der dich Mutter nennt.

3. Dank dem Vater, der uns zieht / durch den Geist, der in dir glüht; / Dank sei Jesus Christ, / der durch seines Kreuzes Kraft / uns zum Gottesvolk erschafft, / das unsterblich ist.

T: Silja Walter 1966   M: Josef Anton Saladin 1972   (GL 642)

Die Kilianstafel des Schreins

46 BETRACHTUNG

V   Die älteste Lebensbeschreibung Kilians berichtet, wie die Frankenapostel als Salz der Erde und als Licht der Welt wirken. Das Schreinrelief, das diese Welt wiedergibt, stellt die beiden Taten heraus, die für den Glauben und das Heil besonders wichtig sind: die Verkündigung und die Sakramentenspendung. Von Kilian heißt es:

Er war so von der Liebe zur christlichen Religion erfüllt,
daß er mit ehrfürchtigem Sinn und frommem Eifer alles
tat, was immer er für das Heil der Seelen und für die Vor-
bereitung des Glaubens als wichtig erachtete.

Passio minor 1

Kurze Stille

*Kilian sät mit seinen Gefährten die Glaubenssaat aus. Ge-
meinsam verkünden sie die Botschaft vom Kreuz und vom
Heil. Kilian pflanzt das Reich Gottes fort durch die Spen-
dung der Taufe. Ausgesandt vom Herrn, erfüllt er mit seinen Gefährten gemäß dem Wort Jesu Christi dessen Auftrag. Er tauft die Menschen im Namen des dreifaltigen
Gottes; er tauft sie auf den Tod und die Auferstehung des*

Herrn; er tauft sie im Zeichen des Kreuzes. Die Heilige Schrift und das Kreuz sind die Symbole für die Verkündigung wie für das missionarische Geschehen der Taufspendung.

Wie aus der Hand des Herrn den Menschen, die sein Wort aufnahmen, das Heil zufloß, so fließt aus der Hand Kilians, aus der Hand eines jeden Taufspenders dem Getauften die Gnade Gottes zu. So kann Kilian die göttliche Gnade weitergeben, die am Kreuz ihren sichtbaren Ausdruck fand und sich vom Kreuz in einem großen Strom über die Menschen ergießt.

Wer getauft ist, kann sich durch den Empfang der Gnade aufrichten, er kann das in ihm sich fortsetzende Werk, das Reich Gottes mit aufbauen helfen. Das Ja Gottes in der Taufe befähigt zu dieser Mitarbeit unter dem Kreuz.

Jeder missionarische Einsatz für das Reich Gottes an einem einzelnen Menschen wird nachwirkend vielfältige Frucht bringen. Das Große wird im Kleinen, das Gesamtwerk in der einzelnen Tat errungen. Jeder Eifer, mag er noch so klein sein, lebt aus der Kraft des Kreuzes. Der Herr schenkt den guten Beginn; er vollendet das Begonnene.

47 ALTIRISCHES GEBET

V   Die Missionsaufgabe verlangt den Einsatz unserer ganzen Kraft und aller unserer Möglichkeiten. Mit den Worten der altirischen Kirche und in ihrem Geist beten wir um die Hilfe, die uns der dreifaltige Gott schenken möge, damit wir als treue Knechte Christi befunden werden, die von ihrem Einsatz für das Reich Gottes nicht ablassen:

V   Ich flehe ohne Unterlaß:

Durch die Erde, durch das Meer,
durch die ganze Schöpfung Gottes des Vaters.

A   Ich flehe zu dir, Christus, durch die Leiden
deines geläuterten Leibes.
V   Ich flehe zu dir durch mein Leben in Andacht.
Ich flehe zu dir durch mein Leben im Tätigsein.
Ich flehe durch die Dreiheit von Wind, Sonne und Mond.
Ich flehe zu dir kraft des Wassers,
der Luft, des Feuers und der Erde.
A   Ich flehe zu deiner Liebe,
die tiefer ist als der Ozean,
ich flehe zu dir selbst, o König der mächtigen Sonne.
Ich flehe durch die Finsternis.
Ich flehe durch das Licht.
V   Ich bitte die Elemente des Himmels und der Erde,
daß der milde Frieden der Ewigkeit
in meine Seele sich gieße.
A   Dein Mitleid ohne Grenzen,
deine Stärke im Kampf,
deine Güte gegenüber den Schuldnern,
o König der Liebe,
sie mögen mir helfen in allen Kämpfen.
V   Die Frankenapostel haben durch ihren missionarischen Dienst Gott verherrlicht und das Licht des Glaubens
in unserem Land entzündet. Dafür gebührt ihnen unser
Lob und unser Dank.

LIED   48

1. Wir ru-fen an den teu-ern Mann, Sankt

Ki - li - an! Sankt Ko - lo - nat und Sankt Tot -

nan! Dich lo - ben, dir   dan - ken dei - ne

Kin - der in Fran-ken, Sankt Ki - li - an!

5. An deiner Lehr' das Licht entbrannt, / das nicht erlischt im Frankenland.

T und M: Gg. Vogler (Catechismus) Würzburg 1625   (GL 909)

49 BESINNUNG

V   Jesus Christus verpflichtet uns, als Salz der Erde und als Licht der Welt zu wirken. Wie unzählige Christen vor und nach ihnen haben Kilian, Kolonat und Totnan diesem Auftrag gemäß gehandelt. Wie steht es um uns? Was tun wir, um die Christuswahrheit und das Christusleben weiterzugeben? Wir müssen erkennen: Wir alle sind Missionare. Überall dort, wo wir leben, arbeiten und mit Menschen zusammenkommen, haben wir die Botschaft Jesu Christi in ihren Ansprüchen und Grundsätzen zu verkünden. Wir haben dafür Sorge zu tragen, daß wir unsere Umgebung auf den Anspruch des Herrn verweisen und in allen Entscheidungen vom Gebot Christi her mitprägen.

50 WECHSELGEBET

V   Christus ist das Licht der Welt und zieht uns in seinen Lichtkreis.

A   Wir lassen uns oft von totem Glanz blenden.

V   Er will, daß unser Licht vor den Menschen leuchtet.

A   Wir scheuen oft vor dem offenen Zeugnis zurück.

V   Er befähigt uns, durch unsere Taten auf den Vater zu
verweisen.
A   Wir drehen uns oft nur um uns selbst.
V   Wir wissen, daß wir dem missionarischen Auftrag, den
der Herr uns anvertraut hat, oft nicht gerecht werden. Die
Gnade, die wir in der Taufe empfangen haben, kommt
durch unsere Untätigkeit nicht zur rechten Entfaltung.
Weil es uns oft an Eifer mangelt, bitten wir den Herrn:
A   Bestärke uns in unserem Willen, deinem Wort zu fol-
gen und es in Wort und Tat den Menschen zu verkünden.
Rufe in uns die Verantwortung wach, in die du uns durch
unsere Taufe für das Heil der Menschen gestellt hast.
Nicht unsere kurzweiligen Ziele und Absichten sollen un-
ser Leben bestimmen, sondern das, was du von uns willst.
Darum rufen wir: Dein Wille geschehe.
V   Besonders wollen wir der Menschen gedenken, die im
missionarischen Dienst in ferne Länder gezogen sind.
Herr Jesus Christus, wir bitten dich:
Erwecke in deiner Kirche einen neuen starken Missions-
eifer:
A   Wir bitten dich, erhöre uns.
V   Laß in allen Ungläubigen durch den Einsatz derer, die
sich in ihrem missionarischen Dienst aufopfern, die Saat
und das Licht des Glaubens aufgehen: ...
Hilf allen Missionskräften, den Notleidenden und Be-
drückten nach deinem Beispiel Hoffnungsträger und Heils-
bringer zu sein: ...
Ermuntere uns, den Dienst der Schwestern und Brüder in
den Missionen mit Gebet und Opfer zu unterstützen: ...
Aus der Verehrung der heiligen Frankenapostel erwachse
unsere Bereitschaft, uns verstärkt für das Missionswerk
deiner Kirche einzusetzen: ...
V   Die Verkündigung deiner frohen Botschaft, die du uns

aufgetragen hast, erhellt das Dunkel des Unglaubens und der Not. Erwecke in uns den Geist missionarischen Eifers, damit alle Menschen dich erkennen als ihr Heil. Amen.

51 LIED

1. O Je-su Chri-ste, wah-res Licht,
er-leuch-te, die dich ken-nen nicht,
und brin-ge sie___ zu dei-ner Herd,
daß ih-re Seel auch se-lig werd.

2. Laß alle, die im Finstern gehn, / die Sonne deiner Gnade sehn; / und wer den Weg verloren hat, / den suche du mit deiner Gnad.

3. Den Tauben öffne das Gehör, / die Stummen richtig reden lehr, / daß sie bekennen mögen frei, / was ihres Herzens Glaube sei.

4. Erleuchte, die da sind verblendt, / bring heim, die sich von dir getrennt; / versammle, die zerstreuet gehn, / und stärke, die im Zweifel stehn.

5. So werden alle wir zugleich / auf Erden und im Himmelreich / hier zeitlich und dort ewiglich / für solche Gnade preisen dich.

T: nach Johann Heermann 1630   M: nach Nürnberg 1676   (GL 643)

Mit Christus beten

EINFÜHRUNG   **52**

V   Im Leben der Frankenapostel nimmt das Gebet einen
zentralen Platz ein. Wie bei ihnen, soll es auch bei uns –
den Gezeiten gleich – den lebendigen Rhythmus unseres
Lebens bilden. Im Gebet wird in das Wort umgesetzt, was
im christlichen Lebensvollzug die Tat bewirkt: die Hingabe an den dreifaltigen Gott. Christus hat in seinem hohepriesterlichen Gebet die Worte der Hingabe und Übereignung an den Vater vorgesprochen. Wir schließen uns
seinem Beten an, wie es auch die Frankenapostel taten.
Der Geist des Gebetes, der das Leben in seiner tagtäglichen
Wirklichkeit immer neu durchdringt und es fortwirkend
auf Gott ausrichtet, führt nach vollendetem Lauf durch
die Zeit in der Nachfolge Christi zur Teilhabe an der Verherrlichung des göttlichen Sohnes. Die Frankenapostel halten uns durch ihr Beispiel an, uns dem Willen Gottes zu
übereignen und mit Christus so zu beten.
V   Jesus betet: Vater, wenn du willst, nimm diesen Kelch
von mir. Aber nicht mein, sondern dein Wille soll geschehen.
Jetzt ist meine Seele erschüttert. Was soll ich sagen: Vater,
rette mich aus dieser Stunde? Aber deshalb bin ich in diese
Stunde gekommen.
Vater, verherrliche deinen Namen.
A   Wir beten mit dem Herrn zum Vater: Dein Wille
geschehe.
V   Jesus sagt: Wenn einer mir dienen will, folge er mir
nach; und wo ich bin, dort wird auch mein Diener sein.
Wenn einer mir dient,
wird der Vater ihn ehren.

Und ich, wenn ich über die Erde erhöht bin, werde alle an mich ziehen.
Selig seid ihr, wenn ihr das wißt und danach handelt.
A   Wir wollen dir dienen.
V   Die Apostel gaben sich mit dem Herrn dem göttlichen Willen hin.
A   Die Frankenapostel legten ihr Leben in die Hände Gottes.
V   Durch Gebet und Hingabe verherrlichen wir Gott und werden verherrlicht.
A   Lehre uns, Herr, deinen Willen zu tun.

53 LIED

2. Dein Lieb und Treu vor allem geht, / kein Ding auf Erd so fest besteht, / das muß ich frei bekennen. / Drum soll nicht Tod, / nicht Angst, nicht Not / von deiner Lieb mich trennen.
3. Dein Wort ist wahr und trüget nicht / und hält gewiß, was es verspricht, / im Tod und auch im Leben. / Du bist nun mein, / und ich bin dein, / dir hab ich mich ergeben.

T: Leipzig 1597   M: Leipzig 1581 / bei Sethus Calvisius 1594   (GL 559)

Die neutestamentliche Tafel des Schreins

54 BETRACHTUNG

V   Vor seinem Leiden und Sterben faßt der Herr in seinem hohepriesterlichen Gebet seinen Willen und sein Werk zusammen. Er verherrlicht seinen Vater und vertraut ihm alles an. Zugleich erschließt er seinen Jüngern, worauf es in ihrem Leben ankommt. Seine besondere Bitte an den Vater und sein Vermächtnis für die Seinen ist: Alle sollen eins sein.

Jesus ⟨erhob seine Augen zum Himmel und⟩ sprach: Vater,
die Stunde ist da. Verherrliche deinen Sohn, damit der
Sohn dich verherrliche. Ich bitte nicht nur für diese hier,
sondern auch für alle, die ⟨durch ihr Wort an mich⟩ glauben. Alle sollen eins sein: Wie du, Vater, in mir bist und
ich in dir bin, sollen auch sie in uns sein, damit die Welt
glaubt, ⟨daß du mich gesandt hast. Und ich habe ihnen die
Herrlichkeit gegeben, die du mir gegeben hast; denn sie
sollen eins sein, wie wir eins sind, ich in ihnen und du in
mir. So sollen sie vollendet sein in der Einheit.⟩

Joh 17, 1. 20–23

Kurze Stille

Das Abendmahl wird durch das Gebet des Herrn zur großen Danksagung. Aufgerichtet steht der Herr inmitten seiner Apostel. Wie der Herr erheben die Apostel ihre Hände
zum Gebet – den Schalen gleich, die auf dem Tisch stehen.
Offene Schalen und offene Hände sind bereit, auf- und anzunehmen, was ihnen geschenkt, was in sie gelegt wird.

Der Herr weiß um das Kommende. Das zu erwartende Leiden und der ihm zugedachte Tod halten ihn nicht davon
ab, den Vater zu preisen. Er weiß nämlich ebenfalls, daß
diese Ereignisse seiner Verherrlichung dienen. Darin wie in
allem wird er vom Vater verherrlicht, so wie er darin und
in allem den Vater verherrlicht.

Indem sich der Sohn auf den Vater ausrichtet, um mit ihm
in allem eins zu sein, bittet er um die gleiche Einheit seiner
Jünger mit ihm und dem Vater. Dieses Einssein wird durch
die völlige Hingabe an den Vater ermöglicht, die der Herr
als unser Vorbild vorlebt. Das kommende Todesleid ist der
mächtige Schlußakkord dieser lebenslangen Hingabe. Ein-
geordnet in das heilbringende Handeln des Vaters, erblickt
der Sohn in seinem Tod nicht ein Ende, sondern die Fortsetzung des zuvor geoffenbarten Handelns Gottes an der Erlösung der Menschen. Auch wenn der Sohn den Tod zu erleiden hat, wie nach ihm seine Jünger in den Tod gehen
werden, so steht nicht er, so stehen nicht sie im Mittelpunkt, vielmehr bildet der Vater in seinem Heilswillen die
Mitte dieses und allen Geschehens, das sich in seinem Namen ereignen wird.

Die Furcht vor dem Sterben weicht zugunsten der Erwartung der Erhöhung. Die Erwählung Jesu und das Bekenntnis des Vaters, daß Jesus sein Sohn sei, münden in das
Kreuz und lassen es zum Hoheitszeichen werden. Um dessen teilhaftig zu werden, nehmen auch die Jünger Jesu seit
den Tagen der Apostel dieses Los an. Die Hand des Petrus,

die auf den Herrn weist, zeigt seine Bereitschaft zur Nach-
folge an; zum anderen weist sie darauf hin, daß die auch
den Tod einschließende Hingabe den Jünger an der Erhö-
hung und Krönung des Herrn teilhaben läßt. Wer mit dem
Herrn eins sein will, muß alle Schritte des Herrn – auch die
auf Golgota zu – nachgehen. Zudem folgt niemand isoliert,
nur auf sich gestellt, dem Herrn nach. In der Nachfolge ver-
einigen wir uns mit dem dreifaltigen Gott und mit allen,
die sich auf den Herrn mit ganzem Herzen einlassen. Jedes
Apostolat ist bis in den Tod bestimmt von der göttlichen
Einheit; es spiegelt sie wider und legt darin eine Spur der zu
erwartenden Vollendung aus. Das Gebet erneuert im
Rhythmus der Zeit diese Hingabe und führt den eigenen
Willen fortwirkend zur Übereignung an den dreieinigen
Gott hin, um dadurch den Willen Gottes zu erfüllen. Mit
Christus beten heißt, sich ganz und gar auf ihn und den
Willen des Vaters einzulassen und sich mit dem Einsatz
des Lebens und des Todes in das Erlösungswerk Gottes zu
stellen.

ALTIRISCHER HYMNUS   55

V   Das Bild von den Gezeiten aufnehmend, besang die
altirische Kirche die Größe des dreieinigen Gottes, um sich
ihm immer wieder neu hinzugeben und sich mit ihm zu
vereinigen:
V   Wie es war,
wie es ist,
wie es sein wird immerdar –
O du, Dreifaltigkeit der Gnade.
Mit der Ebbe, mit der Flut.
A   O du, Dreifaltigkeit der Gnade.
Mit der Ebbe, mit der Flut.

56 LIED

1. Nun sin - ge Lob, du Chri-sten-heit, dem Va - ter, Sohn und Geist, der al - ler-ort und al - le - zeit sich gü - tig uns er - weist,

3. Er lasse uns wie Brüder sein, / der Eintracht uns erfreun, / als seiner Liebe Widerschein / die Christenheit erneun.

5. Herr, mache uns im Glauben treu / und in der Wahrheit frei, / daß unsre Liebe immer neu / der Einheit Zeugnis sei.

T: Georg Thurmair 1964   M: »Nun danket all und bringet Ehr« (GL 638)

57 CHRISTUSRUFE

V   Herr Jesus Christus: A   Wir beten dich an.
Du bist der Sohn des lebendigen Gottes:
Du warst dem Vater gehorsam:
Du hast den Willen des Vaters erfüllt:
Du hast alles auf dich genommen:
Du warst bereit zum Kreuz:
Du bist vom Vater erhöht worden:
Du hast den Vater am Kreuz verherrlicht:
Du bist ewig eins mit dem Vater:
Du bist eins mit dem Vater im Leben:
Du bist eins mit dem Vater im Sterben:
Du bist eins mit dem Vater im Himmel:

Du bist das Vorbild der Hingabe:
Sohn Gottes:

GEBET   58

V Herr Jesus Christus, in allem hast du dich auf den
Vater ausgerichtet und warst ihm gehorsam und ergeben.
Dein Leben war ein Gebet der Hingabe zur Verherrlichung
des Vaters. Der große Lobpreis deines Lebens schloß den
Tod als Krönung mit ein. Die Apostel haben in dieses Ge-
bet durch ihre Nachfolge und durch ihr Blutzeugnis mit-
eingestimmt, damit du mit dem Vater und dem Heiligen
Geist in allem verherrlicht wirst. So hallt das Lob deines
Lebens, in dem du den Weg beschritten hast, dem die
Glaubenden durch die Zeiten folgen können, wider bis zu
den Tagen der kommenden Vollendung. Dir sei Lob und
Dank. Amen.

LIED   59

7. Laß uns eins sein, Jesu Christ, / wie du mit dem Vater
bist, / in dir bleiben allezeit / heute wie in Ewigkeit. / Erbarm dich, Herr.

T: nach einem von Otto Riethmüller (1932) aus älteren Strophen zusammengestellten Lied   M: Nürnberg 1556 / Eibenschütz 1566   (GL 644)

Die Kilianstafel des Schreins

BETRACHTUNG   60

V Wie Jesus sich betend auf seinen Tod vorbereitet hat,
so haben es die Frankenapostel getan. Die älteste Darstellung ihres Lebens und Sterbens berichtet:
Als die Zeit ihres Leidens ⟨und Lohnes für ihre früheren
Verdienste⟩ nahte, gaben sich die Märtyrer Christi Tag und

Nacht dem Gebet und dem Fasten hin, froh ohne Traurigkeit und ergeben ohne Furcht, heiter erwartend, mit dem Martyrium gekrönt zu werden.   Passio minor 9

Kurze Stille

Begegnen uns schon beim Herrn Furcht und Ergebenheit, Annahme des Kreuzes und Anbetung, so finden wir diese Grundhaltungen bei den Frankenaposteln wieder. Ihr Weg ist gekennzeichnet vom Willen, dem Herrn in allem nachzufolgen. Diese Bereitschaft zur Kreuzesnachfolge überwindet die Furcht, ist Frucht der Übereignung an den göttlichen Willen und führt zur Anbetung, die die Erinnerung an den betenden Herrn wachruft.
Wie unser Gebet mit dem Kreuzzeichen begonnen wird, so

leuchten hinter jedem Gebet, auch hinter dem Lobpreis,
das Kreuz und somit der gekreuzigte und erhöhte Herr auf.
Im Kreuz und in der Kreuzesnachfolge fallen die Zeiten zusammen. Immer ist es das eine Kreuz, das wir mittragen.
Immer ist es der eine Herr, der uns im Kreuz entgegentritt.
Indem wir uns dem Kreuz ergeben, es annehmen und es als
unseren Heilszugang lobpreisend verehren, verkünden wir
Christus, den Gekreuzigten, und werden mit ihm untereinander eins.
Als Kreuzträger sind die Frankenapostel mit allen, die
ihrem Beispiel folgen, vereint um eine Mitte: Christus, der
Schnittpunkt aller Glaubens- und Kreuzeswege. Nicht Lei-
denssehnsucht beherrscht und treibt den Jünger Jesu Christi, sondern der Wunsch, mit dem Herrn eins zu werden,
mit ihm ebenso verbunden zu sein wie mit allen, die in
gleicher Weise sich dem Kreuz um des Herrn willen ergeben.
Dieses Verlangen läßt zur großen Schar der Beter, zur großen Macht des Gebetes anwachsen. Dem Beter wie dem Gebet ist nichts unmöglich. Das Gebet ist die Kraft, die das
Böse überwinden hilft. Durch das Gebet wird allen Versuchungen gewehrt. Im Gebet werden die verschobenen Maß-
stäbe und Rangordnungen dieser Welt wieder ins rechte
Lot gerückt. Das Gebet läßt den Herrscher des Himmels
und der Erde aufleuchten und verehren. Im Gebet findet
der Beter die bleibende Kraft, der Herrschaft Christi un-
geachtet aller Bedrängnisse zu dienen und ihr zum Sieg zu
verhelfen. Im Gebet lebt der Mensch aus der Nähe Gottes;
er wird diese Nähe, wenn sein Leben und Glaubensweg als
Ganzes ein Gebet ist, jenseits des irdischen Lebens als
ewige Wirklichkeit erleben. Wie das Kreuz und sein Leiden
beim Herrn der mächtige Schlußakkord seines Lebens und
lebenslangen Gebetes waren, um dadurch in die Herrlich-

keit des Vaters einzugehen und von ihm erhöht zu werden, nehmen wir mit den Frankenaposteln durch das Gebet und als Gebet alles hin, um Gott in allem unsere Hingabe zu erweisen.

61 ALTIRISCHES GEBET

Die Frankenapostel haben sich dem Herrn ergeben. Ihr Leben wurde so zum Gebet. Völlige Ausrichtung auf den Herrn, das Verlangen, mit ihm eins zu werden, und die Hingabe an ihn sind die Gebetshaltungen, die den Glaubensweg des heiligen Kilian und seiner Gefährten bestimmen. Diese Frömmigkeit findet in dem altirischen Gebet ihren tiefen Ausdruck.

V   Sei du meine Rede, sei du mein Verstehen,
sei du für mich, ich möchte für dich sein.
A   Sei du mein Vater, ich möchte dein Sohn sein,
sei du ganz mein, ich möchte ganz dein sein.
V   Sei du mein Schild, sei du mein Schwert,
sei du meine Ehre, sei du meine Freude.
A   Sei du mein Obdach, sei du meine Feste,
bring du mich hin zur Gemeinschaft der Engel.
V   Sei du jedes Gut für den Leib und die Seele,
mein Königreich sei du im Himmel und hier.
A   Sei du mein Lehrer, wunderbarer Anteil,
ich suche weder Menschen noch toten Besitz.
V   Sei du allein des Herzens große Liebe,
niemand sei dort, nur du, Herrscher des Himmels.
A   Sei du meine Rede, sei du mein Verstehen,
sei du für mich, ich möchte für dich sein.

LIED   **62**

1. Se - lig sind, die arm im Gei - ste, die vor Gott in De - mut stehn, denn er läßt sie voll Er - bar - men ein ins Reich der Him - mel gehn. Chri - sti Jün - ger freu - et euch! Eu - er ist das Him - mel - reich.

3. Selig sind, die sich ergeben / demutsvoll in Gottes Hand, / die nur seinem Willen leben, / erben das verheiß'ne Land. / Christi Jünger, freuet euch! / Euer ist das Himmelreich.

6. Selig, die an Herz und Händen / rein durch dieses Leben gehn, / die es heilig auch vollenden, / werden Gottes Antlitz sehn. / Christi Jünger, freuet euch! / Euer ist das Himmelreich.

T: Pörtnersches Gesangbuch, Würzburg 1828 (Neufassung)
M: Pörtnersches Gesangbuch, Würzburg 1828   (GL 910)

63 BESINNUNG

V Die Gebetshaltung der Frankenapostel, in der sie dem Herrn gleichförmig und mit ihm eins werden, fordert uns heraus. Wir müssen uns in der Betrachtung dieser Hingabe danach fragen lassen, wie wir unser Beten verstehen.

Sind wir zur Hingabe bis zum Kreuz bereit? Können wir angesichts des Mitleidens mit dem Herrn noch Gott loben, oder hadern wir mit ihm? Findet das Verlangen, eins zu werden mit dem Herrn, seinen Ausdruck in der Einheit mit den Glaubenden untereinander? Verstehen wir unser Gebet als Geschenk und Gnade, wir dürfen beten – oder als ein auferlegtes Muß? Ist das Gebet für uns zuerst Lob und Preis und Dank dem Heilswillen Gottes gegenüber und unsere Ergebenheit in den göttlichen Willen oder Bitte um das Erlangen selbstgesteckter Ziele?

64 WECHSELGEBET

V In seinem Leben, das als ganzes Gebet ist, wie in seinen gesprochenen Gebeten übereignet sich der Herr dem Vater.

A Uns hält die Angst vor den Konsequenzen von dieser umfassenden Hingabe oft zurück.

V Der Herr fordert uns auf, zu beten.

A Wir dagegen kennen auch das Mißtrauen gegenüber der Macht des Gebetes.

V Beim Herrn bilden Lebensweg und Gebet eine Einheit.

A Wir trennen zwischen Gebet und Tat und messen der Tat oft eine größere Wirksamkeit zu.

V Der Herr dient in seinem Leben und Beten der Verherrlichung des Vaters.

A Unser Beten ist zuweilen nur von unserem Wunschdenken bestimmt.

V   Der Herr ist eins mit dem Vater.

A   Wir leiden an den Spaltungen, mit denen wir uns die
Einheit mit Gott und untereinander erschweren oder gar
versagen.

V   Wir wissen um unser Versagen. Statt uns mit ihm und
untereinander in seiner Nachfolge zu vereinen und in dieser Einheit der Welt für ihn und für die kommende Vollendung Zeugnis abzulegen, bieten wir ein Bild der Trennung und der Zerrissenheit. Unsere Gebete sind oft mehr
von momentanen Wünschen als von unserer Hingabe an
den dreieinigen Gott bestimmt. Damit nicht unser Wille,
sondern sein Wille geschehe, bitten wir den Herrn:

A   Nimm von uns alle Dinge, die uns von dir und von-
einander trennen. Laß uns eins werden mit dir und miteinander, damit wir in der Stärke der Einheit dich verkünden.
Schenke uns durch das Einssein mit dir und mit allen, die
dir nachfolgen, die Kraft, uns deinem göttlichen Willen zu
ergeben. Du willst unser Heil. Dafür hast du in Gehorsam
den Weg des Kreuzes beschritten. Allen aber, die sich dir
übereignen, schenkst du durch die Kreuzesnachfolge Anteil an deiner Herrlichkeit. Um mit den Frankenaposteln
und allen Glaubenszeugen vereint dir zu dienen, bekennen wir: Wir sind dein.

V   Um die geistliche Erneuerung der Gläubigen aus der
Kraft des Gebets und der Sakramente wollen wir beten.
Herr Jesus Christus, wir bitten dich:
Stärke deine Kirche in ihrem Dienst, den Menschen durch
die Kraft des Gebets und der Sakramente dein Heil zukom-
men zu lassen:

A   Wir bitten dich, erhöre uns.

V   Lenke alle, die in unserer Welt Verantwortung für die
Geschicke der Völker tragen, daß sie sich in ihrer Tätigkeit
von deinem Wort und Beispiel leiten lassen: ...

Erneuere in allen Zweifelnden und Verzweifelten die Liebe zu dir und laß sie zu dir zurückfinden: ...

Sende uns deinen Geist, damit wir in unserem religiösen Leben erstarken: ...

Schenke uns durch die Verehrung unserer heiligen Diözesanpatrone die Kraft zu einem intensiveren geistlichen Leben: ...

V   Das Vorbild unserer Frankenapostel hält uns vor Augen, wie wir durch dich und für dich und in dir leben können und sollen. Laß uns ihnen folgen, damit ihre Glaubenssaat auch durch uns neue Früchte bringen kann. Darum bitten wir dich, Christus, unseren Herrn. Amen.

65 LIED

2. Ich ruf dich, wenn die Sonn' aufgeht, / wenn mitten sie am Himmel steht / und wenn sie abgegangen. / Mein Flehen steigt zu dir empor, / du neigst zu mir dein gnädig Ohr, / verscheuchst des Herzens Bangen.

3. Wenn ich nur hoff auf dich allein, / so wirst du Trost und Schild mir sein, / wirst allzeit für mich sorgen. / In aller Trübsal und Gefahr / bleibst du mein' Zuflucht immerdar, / bei dir bin ich geborgen.

T: Albert Gereon Stein, 1869
M: »Harfen Davids«, Augsburg 1669   (GL 809)

Mit Christus leiden

EINFÜHRUNG   **66**

V Wer in die Nachfolge des Herrn tritt, wird auf den
Kreuzweg geführt. Wer mit dem Herrn leben will, muß
mit ihm auch leiden und sterben. Die Frankenapostel
wußten darum. Seit den Tagen Jesu erfahren alle seine Jünger, daß Apostolat Mit-Leiden heißt. Der Knecht steht
nicht höher als sein Meister. Der Glaube schließt die Bereitschaft zum Kreuz ein.

V Jesus sagt uns: Haben sie mich verfolgt, so werden sie
auch euch verfolgen.

Wer mein Jünger sein will, der verleugne sich selbst,
nehme sein Kreuz auf sich und folge mir nach.

Wer nicht sein Kreuz auf sich nimmt und mir nachfolgt,
ist meiner nicht würdig.

A Das Wort vom Kreuz ist denen, die verlorengehen,
Torheit; uns aber, die gerettet werden, ist es Gottes Kraft.

V Wir sind Erben Gottes und Miterben Christi, wenn
wir mit ihm leiden, um mit ihm auch verherrlicht zu
werden.

A Ich bin überzeugt, daß die Leiden der gegenwärtigen
Zeit nichts bedeuten im Vergleich zu der Herrlichkeit, die
an uns offenbar werden soll.

V Ihr sollt des Reiches Gottes teilhaftig werden, für das
ihr leidet.

A Wenn einer leidet, weil er Christ ist, dann soll er sich
nicht schämen, sondern Gott verherrlichen.

V Christus hat für uns gelitten. Der Herr ist für uns am
Kreuz gestorben.

A Die Frankenapostel sind ihm in den Tod gefolgt.

V   Wir dürfen uns unserer Leiden um Christi willen rühmen.

A   Im Leid werden wir Christus gleichförmig und stehen in der Zeugenschaft der Frankenapostel.

67 LIED

4. Voll der Wunden, voll der Schmerzen stirbst am Kreuze du für mich; / groß ist deine Lieb, o Jesus, und was tat denn ich für dich? / Dir aus Liebe nachzufolgen, nehm mein Kreuz ich willig an. / Will im Leiden stets mir sagen: »Meister, du hast mehr getan.«

T: Kohlbrenner, Landshut 1777   M: Herold 1808   (GL 849)

Die neutestamentliche Tafel des Schreins

68 BETRACHTUNG

V   »Da er die Seinen, die in der Welt waren, liebte, erwies er ihnen seine Liebe bis zur Vollendung« (Joh 13, 1). Zusammen mit zwei Verbrechern hingerichtet, gibt Jesus am Kreuz sein Leben für uns hin. Seine Mutter ist bei ihm und sein Lieblingsjünger Johannes:
Zusammen mit ihm wurden zwei Räuber gekreuzigt, ⟨der eine rechts von ihm, der andere links⟩. Als Jesus seine Mutter sah und bei ihr den Jünger, den er liebte, sagte er zu seiner Mutter: Frau, siehe, dein Sohn! ⟨Dann⟩ sagte er zu dem Jünger: Siehe, deine Mutter! ⟨Und von jener Stunde an nahm sie der Jünger zu sich.⟩ Als Jesus von dem Essig genommen hatte, sprach er: Es ist vollbracht!

Mt 27. 38; Joh 19, 26 f. 30

Kurze Stille

Unter dem Kreuz stehen Maria, seine Mutter, und der Apostel und Lieblingsjünger Johannes. Sie bilden den inneren
Kreis um den gekreuzigten Herrn mit allen, die sich in
ihrem Leben für den Herrn entschieden haben und ihm
gefolgt sind. Am äußeren Kreis, der durch die Randposition
der beiden Schächer dargestellt wird, sind die Menschen
noch in die Auseinandersetzung und Entscheidung gerufen, wer für ihn, wer gegen ihn ist. Beide Möglichkeiten
werden von den Räubern verkörpert. Wendet sich der
rechte Schächer dem Herrn zu, so wendet sich der linke ab.
Der Zuwendung des Schächers entspricht die Hinwendung
des Herrn. Der inneren Ruhe dieser Beziehung steht das
Abstemmen des linken Räubers vom Kreuz gegenüber.

Der rechte kann nunmehr sein Kreuz annehmen, hat er doch über den Kreuzestod hinaus ein Ziel vom Herrn gewiesen bekommen. Der linke muß sich durch seine ablehnende Haltung auf sein tödliches Ende einstellen, das Entsetzen weckt. Panischer Schrecken hier, dagegen hingebungsvolle Übereignung bei dem Räuber zur Rechten Jesu. Die Entscheidung der beiden ist gefallen und zeitigt ihre Früchte. Beide sind von ihrem Urteil, das sie sich selbst gesprochen haben, gezeichnet.
Unter dem Kreuz stehen Maria und Johannes. Maria neigt schmerzvoll und mitleidend ihr Haupt. Sie bäumt sich nicht gegen das Geschehen auf, sie nimmt es an. Ihre offene, Bereitschaft signalisierende Hand empfängt das Leid dieser Stunde in Ergebenheit. Maria wiederholt das Bekenntnis: »Ich bin die Magd des Herrn; mir geschehe nach deinem Wort« und überläßt sich und das Kreuzesgeschehen dem Willen des Vaters. Wie ihr Ja zum göttlichen Willen bei der Verkündigung des Herrn nun seine Vollendung und tiefste Herausforderung findet, ist auch der Höhepunkt des Auftrags und Weges Jesu erreicht. Nun vollbringt er das ihm aufgetragene Opfer seiner Sendung. Maria und ihr Sohn sind untrennbar miteinander verbunden.
Der Apostel Johannes läßt sich ebenfalls auf das Leiden des Herrn ein. Spüren wir bei dem Herrn und Maria die Ruhe der Vollendung des erlangten Zieles, wird bei Johannes schon der Aufbruch sichtbar in seiner schreitenden Haltung: Wir verkünden Christus, den Gekreuzigten. Das Wort vom Kreuz und von dem am Kreuz erhöhten Herrn nimmt hier seinen Ausgang. Die Zeigehand des Johannes ist zugleich in ihrer Haltung die Auffangschale dieses Erlösungsgeschehens, das es zu verkünden gilt, damit die Welt gerettet werde.
Was dem fernstehenden Betrachter als Schlußpunkt er-

*scheinen mag, ist eine Geburtsstunde. Für den rechten
Räuber der Einzug in das Paradies, für den linken in die
ewige Gottesferne. Für Johannes der Beginn der Verkündigung des Heiles und für Maria und Johannes das Miteinander im Herrn; für uns ist es die Geburt der Kirche – und für
Christus die Stunde der Erhöhung und Verherrlichung.
In der Entscheidung für Christus, den Gekreuzigten, in der
Hingabe an den Herrn und in der Verkündigung der Er-
lösungsbotschaft schreitet nunmehr die Kirche – und wir
in ihr – durch die Zeit, auf daß in uns lebendig werde, was
auf Golgota geschah: in Maria, in Johannes, im rechten
Schächer, durch Christus, mit Christus und in Christus.*

ALTIRISCHER HYMNUS   69

V   Im altirischen Hymnus erstrahlt dem Beter und Betrachter im Kreuz das Siegeszeichen Jesu Christi. Wer sich
unter das Kreuz stellt und es zu tragen gewillt ist, hat Anteil am Sieg des Herrn über Sünde und Tod.

V   Kreuz Christi, sei vor mir, mich zu führen,
Kreuz Christi, sei hinter mir, mich zu behüten,
Kreuz Christi, hilf mir, unten wie oben, in jeder Not.
A   Kreuz Christi, komm mir vom Osten entgegen,
Kreuz Christi, stärk mir vom Westen den Rücken,
Kreuz Christi, geleite mich allzeit im Norden und
Süden.
V   Kreuz Christi, hoch am Himmel,
Kreuz Christi, tief in der Erde,
schütz Leib und Seele vor Schaden und Unheil.
A   Kreuz Christi, sei über mir, wenn ich sitze,
Kreuz Christi, sei über mir, wenn ich liege.
Kreuz Christi, sei meine ganze Stärke
bis wir zum Allherrn des Himmels kommen.

V   Kreuz Christi, sei über meiner Gemeinschaft,
Kreuz Christi, sei über meiner Kirche.
A   Kreuz Christi in der künftigen Welt,
Kreuz Christi in dieser Welt.

70 LIED

2. Ich sehe dich das Kreuz umfangen, aus Liebe trägst du alle Schmach; / so bist du selbst mir vorgegangen, ich folge dir, mein Jesus, nach.
6. Geliebter Heiland, Mann der Schmerzen, ach, zeige mir dein Angesicht / und präg es ab in meinem Herzen, o Jesus, meiner Seele Licht.
12. Du, Jesus, bist am Kreuz gestorben, aus Liebe wählst du diesen Tod. / So hast du mir das Heil erworben; o ewig lieb' ich dich, mein Gott.

T: Bocholt 1852   M: Mainzer Gesangbuch 1874   (GL 853)

71 CHRISTUSRUFE

V   Herr Jesus Christus: A   Du bist das Leben.
Knecht Gottes:
Gehorsamer Herr:
Lamm Gottes:
Du Opfer am Kreuz:
Du Halt der Glaubenden:
Du Verheißung der Hoffenden:
Verherrlichter Sohn:
Erhöhter Herr:
Sieger über Sünde und Tod:
Erlöser der Welt:
Sohn Gottes:

GEBET   72

V   Herr Jesus Christus, du hast das Kreuz im Gehorsam
angenommen und getragen. Du bist am Kreuz erhöht worden. Du willst alle an dich ziehen, die dir folgen auf dem
Weg des Kreuzes, damit auch sie erhöht werden. Im Leiden und Tod um deinetwillen haben wir Anteil an deiner
Erhöhung.
Wie du am Kreuz den Willen des Vaters erfüllt hast, haben
auch die Menschen, die sich auf Golgota für dich entschieden haben, es getan und ihre Vollendung gefunden. Seit jener Todesstunde verkündigen wir dich, den Gekreuzigten,
und erlangen darin unser Heil. Dir sei Lob und Dank.
Amen.

LIED   73

1. O du hoch-hei-lig Kreu-ze,   dar-an mein
Herr ge-han-gen   in Schmerz und To-des-ban-gen.

4. Du bist die sichre Leiter, / darauf man steigt zum Leben, / das Gott will ewig geben.
5. Du bist die starke Brücke, / darüber alle Frommen /
wohl durch die Fluten kommen.
7. Du bist der Stab der Pilger, / daran wir sicher wallen, /
nicht wanken und nicht fallen.
8. Du bist des Himmels Schlüssel, / du schließest auf das
Leben, / das uns durch dich gegeben.

T: nach Konstanz 1600   M: Straubing 1607   (GL 182)

Die Kilianstafel des Schreins

74 BETRACHTUNG

V In der Kreuzesnachfolge empfingen die Frankenapostel
den Martertod und wurden darin Christus gleichförmig:
eins im Leben, eins im Sterben. Von der Stunde ihres Martyriums und ihrer Geburt zum ewigen Leben sagt die Lebensbeschreibung des heiligen Kilian:
Zur Nachtzeit, als sie einmütig zum Lob Gottes vereint
waren, trat der Henker zu ihnen, ⟨das Schwert gezückt, ge-
wissermaßen⟩ gerüstet, sie, ⟨die Freunde Gottes⟩, nach dem
Befehl der Geilana, ⟨der Gattin des Herzogs Gozbert,⟩ zu
töten. ⟨Als Kilian, der Bischof Christi, das sah, sagte er zu
den Seinen: Meine geistlichen Söhne, jetzt ist der lange ersehnte Tag da. Geht mit mir in den geistlichen Kampf,
ohne Furcht, ohne Zittern, gemäß dem Wort des Herrn:⟩
Fürchtet euch nicht vor denen, die den Leib töten, die
Seele aber nicht töten können ⟨(Mt 10,28).⟩ Alle wurden
⟨nach diesen Worten⟩ in gleicher Weise enthauptet und
mit dem Martyrium gekrönt.   Passio minor 10

Kurze Stille

*Das Leben und das Wirken des heiligen Kilian werden von
der Kraft der frohen Botschaft und von der Macht des Kreuzes durchdrungen. Kreuz und Buch sind die Zeichen und
Symbole seines missionarischen Glaubenszeugnisses. In seinem apostolischen Wirken hält er beides den Menschen
entgegen, um ihnen den Weg zum Leben zu weisen. Wie er
und seine Gefährten Kolonat und Totnan sich unter den
Auftrag der Verkündigung und Kreuzesnachfolge gestellt
haben, so sollen auch die Menschen, denen sie die frohe
Botschaft des gekreuzigten und auferstandenen Herrn ver-*

*künden, ihre Lebensentscheidung für Christus treffen. Nur
durch die Annahme des Kreuzes wird der Sieg über die
Mächte der Finsternis errungen.*
*Die Frankenapostel bilden gleichsam ein lebendiges Drei-
eck, ein Zeichen des dreieinigen Gottes, ein Hinweis auf
ihre Vollendung und Krönung. Denn schon nahen ihre
Widersacher: Geilana und zwei Henker. Dem Gleichfluß
der Bewegung in der Gruppe der Frankenapostel steht die
Ungezügeltheit ihrer Feinde gegenüber.*
*Die Schergen schlagen mit ihren Schwertern wild um sich:
Die Macht des Bösen wütet blind. Sie verfolgen nur ein
Ziel: Mord. Doch der diesen Mord gebietende Herrscherstab
der Geilana sinkt schon vor dem Kreuz nieder. Seine Macht
ist bereits gebrochen. Der Anschlag der Henker ist ein letztes*

Aufbäumen des Bösen, das sich dem Reich Gottes mit letz-
ter Kraft entgegenstellen will und gerade darin seine Nieder-
lage erfährt. Die Macht Christi ist stärker. Der Herr hat am
Kreuz gesiegt und jedem, der sein Kreuz teilt, diesen Sieg er-
worben – auch Kilian und seinen Gefährten.
Das Kreuz, das der Herr ihnen bei der Berufung entgegen-
hielt und sie in ihrem Apostolat begleitete, gereicht ihnen
zur Kraft und zur Vollendung. Kilian richtet das Siegeszei-
chen des Kreuzes auf. Das Wort vom Kreuz können Hen-
kerfäuste und Schwerter weder aufhalten noch zum
Schweigen bringen.
Heil und Heillosigkeit stehen sich gegenüber. Der letzte
Kampf und der Untergang des Bösen haben begonnen. Der
Sieg ist längst errungen. Daran ändern die Häscher und
Mörder nichts mehr. Wird auch der Tod in Szene gesetzt,
so ist er doch schon der Verlierer, und eine neue Zeit wird
sichtbar: jenes Reich, in dem der Gekreuzigte der lebendige
Herr ist und von dem alle, die ihm nachfolgen, künden.
Nur einer ist König: der Herr.

75 ALTIRISCHER HYMNUS

V   Mit den altirischen Glaubensvätern und in ihren Worten rufen wir den dreifaltigen Gott an, er möge uns in unserer Bereitschaft zur Kreuzesnachfolge stärken. Zugleich
bitten wir um die Fürsprache aller Heiligen, die uns in diesem Glaubenszeugnis leuchtendes Vorbild sind:
V   Gott, steh mir bei in jeder Not!
Einer in drei Personen,
Vater, Sohn und Heiliger Geist.
V   Mir helfe jeder Heilige, der hier auf Erden gelitten hat,
und jeder fromme Jünger, der je an Christus glaubte;
A   jeder demütige, stille, reine, tadellose Bekenner
und jeder tapfere Kämpfer, den es unter der Sonne gibt;

V   jeder ehrwürdige, heilige Patron, der das Seine zum
Rechten beiträgt,
jeder schlichte und jeder edle Mensch,
jeder Heilige, der das Kreuzesgeschick erduldet hat;
A   jeder glorreiche Pilger,
jeder Reiche mit seiner guten Macht,
jeder Mittellose mit seiner Armut,
jeder Heilige, der sein Land verlassen hat;
V   jede lautere Zunge, der Gnade geschenkt ist,
und jedes Herz in der Welt, das keinen Verrat kennt;
A   jeder rechtliche Mann, der unter dem strahlenden
Himmel lebt,
vom Westen, wo die Sonne untergeht,
bis hin zum Osten, zum Sionsberg:
V   Beschützt mich vor den Mächten der Finsternis,
ihr Gefährten des Königssohns im Lande der Lebenden.
A   Mein König, wach über mich, hilf immerzu!
Gottes Hand sei meine Hut in jeder Not.

LIED   76
9. Er hat besprengt mit seinem Blut, / Sankt Kilian, / den
ausgestreuten Samen gut. –
Dich loben, dir danken deine Kinder in Franken, Sankt
Kilian.
10. Sehr hat geliebt sein Frankenland, / sein Blut gab er
zum Unterpfand. –
T und M: Gg. Vogler (Catechismus) Würzburg 1625   (GL 909)

BESINNUNG   77
V   Die Frankenapostel gingen furchtlos in den Tod und
krönten dadurch ihre Christusnachfolge. Mit Christus
können sie bekennen: Es ist vollbracht. Mit Entschieden-

heit legen sie Zeugnis ab und fordern uns heraus, bereit zu sein für das Martyrium, das Zeugnis im Leben und Sterben mit Christus und für Christus und in Christus.

Wie ihnen kann auch uns das Kreuz um Christi willen auferlegt werden. Mag es auch für uns nicht den Tod bedeuten, so erleiden wir es, wenn uns Verachtung oder Lächerlichkeit, gesellschaftliches Abseits oder Unverständnis dort begegnen, wo wir den Anspruch Christi geltend machen: daheim, an der Ausbildungs- und Arbeitsstätte, im gesellschaftlichen und politischen Leben.

78 WECHSELGEBET

V   Christus ist für uns in den Tod gegangen.

A   Wir fürchten uns vor den Leiden, die wir vielleicht um Christi willen auf uns nehmen müssen.

V   Der Herr wurde vielen zum Narren und Gespött.

A   Wir haben Angst davor, in unserer Christusnachfolge ausgelacht zu werden.

V   Er trug seinen Kreuzesbalken allein.

A   Wir haben Angst vor der Isolation.

V   Er war verachtet und wurde gemieden.

A   Wir fürchten uns vor gesellschaftlicher Ächtung.

V   In uns steigen immer wieder neue Ängste vor der Kreuzesnachfolge auf. Um jeden Anstoß des Glaubens und der Christusverkündigung zu mildern, sind wir zu Kompromissen bereit. Durch diese Angst und Feigheit versündigen wir uns am Kreuzesopfer Christi und am Blutzeugnis der Frankenapostel. Es ist an der Zeit, daß wir uns besinnen und die fälligen Konsequenzen ziehen. Deshalb bitten wir den Herrn:

A   Schenk uns die Macht der Ohnmächtigen, in der die Zeugen unseres Glaubens dich bis in ihren Tod bekannt und verherrlicht haben. Bewahre uns vor jeder Angst und

Furcht, die uns daran hindern, mutig, ob gelegen oder un-
gelegen, für dich vor den Menschen einzutreten. Deshalb
rufen wir: Sei du unsere Stärke.

V   Im Bekenntnis des Glaubens:
A   Sei du unsere Stärke.
V   In der Furcht vor dem gesellschaftlichen Abseits:
A   Sei du unsere Stärke.
V   In der Befolgung deines Wortes:
A   Sei du unsere Stärke.
V   Im Tragen des Kreuzes:
A   Sei du unsere Stärke.
V   In der Versuchung der Anpassung:
A   Sei du unsere Stärke.
V   In der Gefahr, dich zu verleugnen:
A   Sei du unsere Stärke.
V   In unserer Ohnmacht:
A   Sei du unsere Stärke.
V   In unserer Todesangst:
A   Sei du unsere Stärke.
V   Herr Jesus Christus:
A   Sei du unsere Stärke.
V   Wir wollen besonders für alle Menschen beten, die
um ihres Glaubens willen verfolgt werden.
Herr Jesus Christus, wir bitten dich:
Steh deiner Kirche bei, die vor allem in ihren verfolgten
und leidenden Gliedern dein Kreuz trägt:
A   Wir bitten dich, erhöre uns.
V   Wehre allen Mächten des Bösen, die sich der Verkün-
digung deiner frohen und befreienden Botschaft entgegen-
zustellen versuchen: ...
Bewahre uns davor, daß wir jene in unserem Gebet und
Engagement vergessen, die sich in Unfreiheit und Unter-
drückung als deine Jünger zu bewähren haben: ...

Nimm dich aller Schwestern und Brüder an, die um ihres Glaubenszeugnisses willen Schmach und Verfolgung, Bedrohung und Gefangenschaft erleiden müssen: ...

Schenk uns durch das Vorbild der heiligen Frankenapostel die Bereitschaft, für den Anspruch deiner Wahrheit Auseinandersetzung und Leid zu ertragen: ...

V Der Weg zur Herrlichkeit führt über das Kreuz. Mit den Heiligen Kilian, Kolonat und Totnan und den unzähligen Glaubenszeugen stehen auch wir in der Kreuzesnachfolge. Gib, daß wir uns darin als deine treuen Knechte erweisen. Darum bitten wir dich, unseren Erlöser am Kreuz. Amen.

79 LIED

1. „Mir nach", spricht Chri - stus, un - ser Held, „mir
Ver - leug - net euch, ver - laßt die Welt, folgt

nach, ihr Chri-sten al - le!
mei-nem Ruf und Schal-le; nehmt eu - er Kreuz und

Un - ge-mach auf euch, folgt mei- nem Wan- del nach.

5. So laßt uns denn dem lieben Herrn / mit unserm Kreuz nachgehen / und wohlgemut, getrost und gern / in allen Leiden stehen. / Wer nicht gekämpft, trägt auch die Kron / des ewgen Lebens nicht davon.

T: Angelus Silesius (Johannes Scheffler) 1668
M: Bartholomäus Gesius 1605 / Johann Hermann Schein 1628 (GL 616)

Mit Christus auferstehen

EINFÜHRUNG   **80**

V   Die Nachfolge Jesu schließt auch die Möglichkeit des
Martyriums und die Bereitschaft hierzu ein. Die zwölf
Apostel und ihnen gleich die Frankenapostel haben mit
der unzähligen Schar der Blutzeugen Christi den Martertod erlitten. Der Tod wurde für sie zum Tor des Lebens.
Wie Christus als erster in den Tod gegangen ist, ist er
allen, die ihm im Sterben gleichförmig werden, auch in das
Leben vorausgegangen. Seine Auferstehung hat die Macht
des Todes gebrochen. Im Tod beginnt neues Leben. Wer
mit Christus leidet, wird auch mit ihm auferstehen.

V   Jesus sagt: Ich bin die Auferstehung und das Leben.
Wer an mich glaubt, wird leben, auch wenn er stirbt. Jeder, der lebt und an mich glaubt, wird auf ewig nicht sterben.

A   Wir bekennen mit dem Wort Jesu: Wer glaubt und
sich taufen läßt, wird gerettet.

V   Jesus sagt: Ich gehe hinauf zu meinem Vater und zu
eurem Vater, zu meinem Gott und zu eurem Gott.

A   Wir hören auf die Weisung Jesu: Glaubt an Gott und
glaubt an mich.

V   Jesus sagt: Im Hause meines Vaters gibt es viele Wohnungen. Wenn ich gegangen bin und einen Platz für euch
vorbereitet habe, komme ich wieder und werde euch zu
mir holen, damit auch ihr dort seid, wo ich bin. Und wohin ich gehe – den Weg dorthin kennt ihr.

A   Wir kennen den Weg in die Herrlichkeit Gottes, denn
Jesus hat uns offenbart: Ich bin der Weg, die Wahrheit
und das Leben. Niemand kommt zum Vater außer durch
mich.

81 LIED

3. Uns zum Himmel zu erheben, geht er zu dem Vater hin,
/ laßt uns ihm zu Ehren leben, dann ist Sterben uns Ge-
winn. / Dort zu seines Vaters Rechten zieht er an sich die
Gerechten.
5. Halleluja! Ostersegen, komm herab wie Morgentau, /
dich in jedes Herz zu legen, daß es froh nach oben schau'
/ und zu neuem Wuchs und Leben sich in Christus mög'
erheben.

T. Klopstock in Bones Cantate   M: Düsseldorf 1836   (GL 856)

Die neutestamentliche Tafel des Schreins

82 BETRACHTUNG

V   Eines der zeitlich ältesten auf uns überkommenen
Osterworte verdanken wir dem Apostel Paulus. Er schreibt
in seinem ersten Brief an die Korinther: »Da nämlich
durch einen Menschen der Tod gekommen ist, kommt
durch einen Menschen auch die Auferstehung der Toten.
Denn wie in Adam alle sterben, so werden in Christus alle
lebendig gemacht werden. Christus ist von den Toten auferweckt worden als der erste der Entschlafenen.«

1 Kor 15,20–22

Kurze Stille

*Verfinstert sich beim Tod Jesu die Sonne als Zeichen der
vermeintlichen Ohnmacht des Gottessohnes, strahlt sie am
Ostermorgen hell auf. Die Macht der Finsternis und des Todes ist gebrochen. Kein Dunkel kann die österliche Sonne
beschatten. Sieg – so hallt die Osterbotschaft wider.
Sieger ist der Herr Jesus Christus. Er erhebt sich über Tod
und Grab. Er richtet sich auf und läßt das Licht der Oster-*

sonne erstrahlen, die ihn und uns von oben, als Kraft aus der Höhe, bescheint. Sein Durchbruch zum Leben gereicht uns zum Segen, den er uns seit jenem Ostermorgen als unbesiegbare Kraft spendet. Was an ihm geschah, wird sich kraft des Ostersegens an allen ereignen, die mit ihm durch den Tod gehen, um so den Vater zu verherrlichen.

Das Leichentuch, in das er gewickelt war, hat er abgestreift. Ihn bindet der Tod nicht mehr. Vielmehr nimmt der Herr den Tod gefangen. Die Zeit der Leichenbinden ist vorüber. Eine neue Zeit, eine neue Welt ist angebrochen, und der Herr geht in sie ein.

In den Grabwächtern begegnen wir der Ohnmacht der ausklingenden Zeit und Welt, die noch vom Tod gezeichnet

*ist. Die Macht der Lanzen der Grabwächter, mit denen sie
sich dem Werk Gottes entgegenstellen wollten, ist gebrochen und endgültig beendet. Die Grabwächter sind die
»Gefallenen« im Kampf zwischen Tod und Leben. Besiegt
sinken sie zu Boden. Die Umkehrung der Machtverhält-
nisse hat begonnen: Wer ohnmächtig schien, ist nun der
Sieger; wer die Macht zu haben glaubte, ist besiegt. Nichts
und niemand kann das fortwirkende Osterereignis mehr aufhalten. Die Botschaft der Auferstehung nimmt ihren Lauf.
Wie die Sonne über dem Leben und dem Wirken des Herrn
aufging und allen erstrahlte, die in Finsternis waren, so sendet sie nun ihr österliches Licht in die Welt des gebroche-
nen Todes. Das sphärische Licht des Himmels durchdringt
die Welt. Die neue Schöpfung bricht an und wird den
Glaubenden erfahrbar, dank des Gottessohnes, des neuen
Menschen, des am Kreuz und in der Auferstehung Erstge-
borenen der neuen Schöpfung.*

83 ALTIRISCHER HYMNUS

V   Mit den irischen Mönchen loben und preisen wir unsern Herrn Jesus Christus, den Sieger über Sünde und Tod:
A   Heiliger Jesus,
du edler Freund,
du Morgenstern,
du herrliche Mittagssonne,
du leuchtende Flamme der Gerechtigkeit und des ewigen
Lebens,
du immer neuer, immer lebendiger, immerwährender
Quell,
du Herzenssehnsucht der Patriarchen,
du Verlangen der Propheten,
du Meister der Apostel und Jünger,

du Gesetzgeber,
du Fürst des neuen Bundes,
du Weltenrichter.

ALTIRISCHES GEBET   84

V   Wir stimmen in das altirische Gebet ein:
V   Gott, du ewiges Licht, du ewige Herrlichkeit,
wahres Licht, das jeden Menschen erleuchtet, der in die
Welt kommt:
A   Deine lichtdurchflutete Herrlichkeit erfüllt Himmel
und Erde,
sie erstrahlt den Engeln,
und ihr ewiger Glanz zeigt machtvoll
den Menschen deine Gerechtigkeit.
V   Licht, das in der Finsternis aufgeht
und dem die Finsternis nichts anhaben kann:
A   Erhöre, erhöre, erhöre uns.
Schaffe uns Recht, erleuchte uns,
entzünde in uns das Feuer deiner Liebe.

LIED   85

2. Der ew'ge König, stark an Macht / hat aus des Todes
düstrer Nacht / der Väter Scharen nun befreit, / zu
schau'n des Himmels Herrlichkeit. / Halleluja. Halleluja.
3. Den, eingesenkt in Grabesnacht, / ein Fels verschloß,
gar streng bewacht, / er steigt empor so licht und rein /
und schließt den Tod statt seiner ein. / Halleluja, Halleluja.
6. Gelobt seist du, Herr Jesu Christ, / der du vom Tod
erstanden bist, / gelobt in der Dreifaltigkeit / von nun an
bis in Ewigkeit! / Halleluja, Halleluja.

T: Übertragung von »Aurora caelum purpurat« des hl. Ambrosius, 4. Jh.
M: 1853   (GL 857)

86 CHRISTUSRUFE

V   Herr Jesus Christus: A   Du bist der Sieger.
Du bist von den Toten auferstanden:
Du lebst in Ewigkeit:
Du bist die österliche Sonne:
Du bist der Ostersegen:
Du bist der Herr des Lebens:
Sohn Gottes:

87 GEBET

V   Herr Jesus Christus, du bist der Sieger über Sünde und
Tod. In deiner Auferstehung hast du die Gewalt des Todes
gebrochen und dich als der Mächtige offenbart. Niemand
kann sich dir entgegenstellen. Allen, die dir glauben und
dir nachfolgen, gibst du Anteil am ewigen Leben. Mit der
Auferweckung krönst du auch das Leben und Werk deiner
Jünger. Dir gebührt unser Lob und Dank. Amen.

88 LIED

2. Sein Werk auf Erden ist vollbracht, / zerstört hat er des
Todes Macht. / Er hat die Welt mit Gott versöhnt / und
Gott hat ihn mit Ehr gekrönt.
3. Er ward gehorsam bis zum Tod, / erhöht hat ihn der
starke Gott. / Ihm ward zuteil ein Name hehr; / es ruft
das All: Du bist der Herr.
4. Die Engel mit Erstaunen sehn, / was Wunder mit der
Welt geschehn. / Sie lag im Tod, nun ist sie frei: / im
Siege Christi ward sie neu.
5. Er ist das Haupt der Christenheit, / regiert sein Volk in
Ewigkeit. / Er triumphiert, lobsinget ihm, / lobsinget ihm
mit lauter Stimm!

T: Johann Samuel Diterich 1765
M: nach Johannes Leisentritt 1584 / Erhard Quack 1941   (GL 229)

Die Kilianstafel des Schreins

BETRACHTUNG   **89**

V   Die Frankenapostel sind Christus durch das Martyrium gefolgt und haben mit ihm und durch ihn Anteil an
seinem Sieg über den Tod. An ihnen erfüllt sich das Wort
des Herrn: »Siehe, ich mache alles neu.«
Als Sieger sind sie für immer beim Herrn und sind so blei-
bend mit uns verbunden. In der jüngeren Lebensge-
schichte Kilians heißt es von dieser für uns unfaßbaren
Herrlichkeit:
Wie groß wird die Freude des Vaters über seine Nachkommen und die der Nachkommen über ihren Vater sein,
wenn alle Gefahren der Welt vorbei sind und nicht einmal
eine Erinnerung an die Trübsal mehr übrig bleibt. –
Freund Kilian, steh auf. ⟨Ich will nicht, daß du dich noch
länger abplagst.⟩ Du sollst allezeit als Sieger bei mir sein.

                                          Passio maior 9 und 13
Kurze Stille

Waren die Frankenapostel in ihrem Apostolat eins mit dem
Herrn, wirkten sie im Miteinander des Glaubens und des
Missionierens, so gelangen sie durch den Zeugentod in die
vollendete Einheit mit dem dreifaltigen Gott. Was bis da-
hin nur Zeichen und Abbild war, wird nunmehr zur vollen
Wirklichkeit des Lebens. Als Menschen der neuen Schöp-
fung, die keine Zeit kennt – die Jugendlichkeit aller drei
verweist darauf –, leben sie in himmlischer Herrlichkeit in
der Anschauung der Dreifaltigkeit. Wie ihr irdisches Leben
und Wirken ist auch das himmlische Leben ein einziger
Lobpreis auf den dreieinigen Gott. Leicht, unbeschwert,
fernab der körperlichen Grenzen und Mühen heben sie
zum Lobgesang an und wecken darin die Erinnerung an

die drei Jünglinge, die unversehrt vom Feuer den Lobpreis auf Gottes wunderbares Handeln an den Seinen anstimmen. Ihre Hände, die sie zeitlebens dem Herrn und dem Kreuz entgegenhielten, werden nun gefüllt vom göttlichen Licht, das sie umstrahlt. Sie sind Bürger der himmlischen Stadt, Glieder der neuen Schöpfung, Kinder und Erben Gottes, die er in seiner Nähe haben will. Worauf ihr Verlangen zielte, findet durch ihre Aufnahme in den Himmel Erfüllung. Wirkten sie durch ihr Glaubenszeugnis mit am Aufbau des Reiches Gottes, so leben sie nach vollbrachtem Lebenslauf in dessen Vollendung. Dorthin sind sie uns vorausgegangen. Wie sich an ihnen das Ostergeschehen fortsetzt, so können auch wir in jenen österlichen Morgen der neuen Schöpfung treten, wenn wir uns nach dem Vorbild der Frankenapostel richten. Auch uns erwartet die himmli-

sche Herrlichkeit, in der wir zum nicht endenwollenden
Schlußakkord unseres lebendigen Gotteslobes anheben wer-
den – gleich unseren Diözesanpatronen und mit ihnen.

ALTIRISCHES BEKENNTNIS   **90**

V Wie unsere Diözesanpatrone, die heiligen Frankenapostel Kilian, Kolonat und Totnan, in die Herrlichkeit Gottes
eingegangen sind, um dort ihren Lohn für ihr Glaubenszeugnis zu empfangen, verlangen auch wir nach einem
ewigen Leben in der Herrlichkeit Gottes. Alle unsere Bemühungen um das Reich Gottes sind zutiefst von dieser
Sehnsucht bestimmt. Darin stimmen wir in das altirische
Bekenntnis ein:

V Mein innerstes Sehnen und Suchen ist, das Antlitz
Gottes zu schauen.

A Mein innerstes Sehnen und Suchen ist, ewig mit ihm
zu leben.

V Mein innerstes Sehnen und Suchen ist, allen gegenüber voller Freude zu sein.

A Mein innerstes Sehnen und Suchen ist, nach dem Gericht die Auferstehung zu gewinnen.

V Mein innerstes Sehnen und Suchen ist, im strahlenden
Paradiese zu wohnen.

A Mein innerstes Sehnen und Suchen ist, selber zu
leuchten wie die Sonne leuchtet.

V Mein innerstes Sehnen und Suchen ist, für immer in
der Gemeinschaft des Herrn zu sein.

A Mein innerstes Sehnen und Suchen ist, das Antlitz
Gottes zu schauen.

V Mit den irischen Mönchen des Mittelalters bitten wir
den Herrn, er möge unsere Sehnsucht erfüllen und uns auf

den Weg führen, auf dem wir am Ende unserer Zeit in die
himmlische Herrlichkeit gelangen:
V   Auf dem Berg, im Tal, auf den Inseln des Meeres,
auf jedem Weg, den ich gehe,
nirgends bin ich von Christus getrennt.
A   Mein Freund und Helfer,
mein Sehnen gilt dem Land,
in das du vorausgegangen bist.
Laß mich den Weg zum Tor der Herrlichkeit finden:
Christus.

91 LIED

1. Sankt Kilian, dir ward zuteil
als Christi Jünger ew'ges Heil.
Im Tod du ihm entgegengehst
und siegreich mit ihm auferstehst.
Refrain: Hilf uns in dieser Erdenzeit,
daß wir nach allem Leid und Streit
erlangen Gottes Herrlichkeit.
2. Sankt Kolonat und Sankt Totnan,
die ihr seid mit Sankt Kilian
gefolgt dem Herrn bis in den Tod,
nun lebt auf ewig ihr bei Gott.
Refrain: Helft uns...
3. Da ihr als treu erfunden ward,
Gott sich euch himmlisch offenbart.
Dort stimmt ihr an in Seligkeit
den Lobpreis der Dreifaltigkeit.
Refrain: Helft uns...

T: Jürgen Lenssen   M: »Ihr Freunde Gottes allzugleich«   (GL 608)

BESINNUNG   **92**

V   Im Durchgang des Todes folgen die Frankenapostel
dem Herrn. Sie haben teil an der Auferstehung Christi und
werden Glieder der neuen Schöpfung.
Die ihnen geschenkte Ernte, die das Maß von Zeit und
Raum übersteigt und jenseits unserer Welt in ihren Früch-
ten genossen wird, richtet unsere Augen und Herzen auf
die kommende Vollendung der Welt. Das Leben der Frankenapostel kennt nicht nur ein apostolisches Wirken in
dieser Welt und Zeit, es umfaßt auch das Leben in der
himmlischen Herrlichkeit. Wie Kilian, Kolonat und Totnan ist auch uns der Schlüssel zu dieser Vollendung geschenkt. Durch den Empfang der Taufe gewinnt unser Leben eine neue Dimension. Alles, was wir tun, hat endzeit-
liche Bestimmung und Wirkung. Auch wenn wir noch in
dieser Welt leben, so sind wir doch nicht mehr in ihr gefangen. Wir tragen schon das Bürgerrecht der himmlischen Stadt in uns. Dort erwartet uns der dreifaltige Gott.

WECHSELGEBET   **93**

V   Christus ist von den Toten auferstanden.
A   Wir lassen uns vom Tod gefangennehmen.
V   Er hat die Macht des Todes gebrochen.
A   Wir sehen im Tod unser Ende.
V   Er geht durch den Tod zum Vater.
A   Wir sprechen vom endgültigen Abschied im Tode.
V   Er findet Erhöhung und Vollendung durch den Vater.
A   Wir suchen in dieser Zeit unser Leben zu vollenden.
V   Er geht uns voraus, um uns eine Wohnung
im Himmel zu bereiten.
A   Wir richten uns in dieser Welt häuslich ein.
V   Entgegen der Mahnung des Herrn, uns der Welt nicht

gleichförmig zu machen und nicht Kinder der Welt zu sein, scheuen wir aus Furcht vor dem Tod davor zurück, Kinder des Lichtes zu werden. Unsere Augen, unsere Herzen und unsere Ziele überwinden nicht den Horizont dieser Erde. So wenig wir hier Heimat finden und uns immer neu enttäuschen lassen, so sehr mangelt es dennoch an der Kraft unseres Glaubens, ganz auf die himmlische Heimat hin zu leben. Deshalb bitten wir den Herrn:

A   Herr Jesus Christus. Leuchte über uns auf mit deinem strahlenden Osterlicht. Erhelle die Dunkelheit unseres Herzens und befreie uns von allen Fesseln, die wir uns aus Angst und Kleingläubigkeit angelegt haben. Öffne unsere Augen für das Osterlicht, damit wir nicht blind dem vermeintlich Mächtigen in dieser Welt vertrauen. Laß uns in unserer Ohnmacht und Schwachheit ein Zeichen deiner Stärke erkennen.

V   Besonders wollen wir darum beten, daß wir der Verantwortung für das zeitliche und ewige Leben, in die uns der Herr durch seine Auferstehung und seinen Sieg über den Tod gestellt hat, gerecht werden.

Herr Jesus Christus, wir bitten dich:

Steh deiner Kirche in ihrem Einsatz für das ungeborene und das geborene Leben bei:

A   Wir bitten dich, erhöre uns.

V   Laß alle Regierenden ihre Verantwortung für den Schutz des Lebens deinem Willen entsprechend wahrnehmen: ...

Verstärke in uns die Bereitschaft, allen Bedrohungen des Lebens durch tatkräftigen karitativen, sozialen und politischen Einsatz zu wehren: ...

Laß uns, entfacht von der Osterbotschaft, in unserer Gemeinde und in unseren Familien dem Leben dienen und einander beistehen, damit die Liebe in allem walte: ...

Schenk uns am Ende unserer Tage mit den Frankenaposteln die Gnade, bei dir unsere ewige Heimat und das Leben in deiner Herrlichkeit zu finden: ...
V   Du bist der Herr des Lebens. In vielfacher Weise ist
das Leben von seinem Beginn an in unserer Welt bedroht.
Deine Auferstehung läßt uns erkennen, daß wir zum
Schutz des Lebens verpflichtet sind, auf daß es wachse und
sich entfalte. Laß uns mit deinem Beistand für alle Menschen und für uns das zeitliche und ewige Leben gewinnen, damit wir miteinander dich in deiner Herrlichkeit
mit den Frankenaposteln loben und preisen. Amen.

LIED   94

3. Wir sind getauft auf Christi Tod / und auferweckt mit
ihm zu Gott. / Uns ist geschenkt sein Heilger Geist, / ein
Leben, das kein Tod entreißt.
4. Wir schauen auf zu Jesus Christ, / zu ihm, der unsre
Hoffnung ist. / Wir sind die Glieder, er das Haupt; / erlöst ist, wer an Christus glaubt.

T: Friedrich Dörr 1972   M: nach Johannes Leisentritt 1567   (GL 220)

ISTI ENIM IN AGONE SE MERCEDIS ET CORONAE SERVIERVNT TRINITATI QVI ET NOS MERVERVNT QVAE MERCEDI EFFVNDENDO ET VFFER RAE BONITATI EXORANDO BONI ERVNT VNO TAM BONITATIS PATRONIS COMBEATAE ET SOCIABILIN AETERNA REQVIE

SERVI CHRISTI SVNT TRES ISTI
COLONATVS ET TOTNANVS ET BEATVS KILIANVS
SALVE VERA SPES SINCERA
TRINITATIS SVB FIGVRA NOSTRI TIBI EXPRESSA CVRA
LAVDATE DOMINVM IN SANCTIS EIVS

Zum Abschluß

BETRACHTUNG   **95**

V   Die Stirnseite des Kiliansschreins mit der Darstellung
der Dreieinigkeit findet ihre Entsprechung in der ihr ge-
genüberliegenden mit dem Bild der drei Frankenapostel.
Wir wollen den Lobpreis, der das Bild als Rahmen um-
läuft, beten:
V   Noch im Todeskampfe dienten
die drei dem dreiein'gen Gotte.
Lohn erhofften sie und Kronen.
A   Ihm und seiner großen Güte
gelten unsre treuen Dienste,
Lobgesang und Bitten bietend.
Flehn wir, daß durch seine Gnade
wir den guten Schutzpatronen
immerdar verbunden bleiben
in der ew'gen Seligkeit.
V   Diese drei sind Knechte Christi,
Kolonatus und Totnanus und der sel'ge Kilianus.
Gruß dir, wahre, klare Hoffnung,
Abbild des dreiein'gen Gottes,
das uns seine Fürsorg' kündet.
A   Lobt den Herrn in seinen Heiligen.
V   In den drei Frankenaposteln leuchtet uns das Bild des
dreifaltigen Gottes auf, der unser Herr und Helfer ist.
Kraft seiner Gnade stehen uns Kilian, Kolonat und Totnan
bei, deren Fürsprache wir jetzt erbitten.

96 LITANEI ZU DEN FRANKENAPOSTELN

V/A   Herr, erbarme dich.

V/A   Christus, erbarme dich.

V/A   Herr, erbarme dich.

V   Christus, höre uns.

A   Christus, erhöre uns.

V   Gott Vater im Himmel: A   Erbarme dich unser.

Gott Sohn, Erlöser der Welt

Gott Heiliger Geist

Heiliger dreifaltiger Gott

V   Heiliger Kilian: A   Bitte für uns.

Heiliger Kolonat

Heiliger Totnan.

V   Ihr heiligen Frankenapostel: A   Bittet für uns.

Ihr Boten des Evangeliums

Ihr Zeugen des Glaubens

Ihr heiligen Märtyrer

Ihr Leitbilder der Suchenden

Ihr Begleiter der Glaubenden

Ihr Gefährten in der Nachfolge Christi

Ihr Vorbilder in der Verkündigung Christi

Ihr Mahner zu Gebet und Hingabe

Ihr Helfer in Not und Bedrängnis

Ihr Fürsprecher bei Gott

Ihr Patrone unseres Bistums.

V   Ihr habt auf Gottes Ruf gehört:

                                                    A   Wir rufen euch an.

Ihr seid dem Sendungsauftrag gefolgt

Ihr seid ausgezogen, um Gottes Wort zu verkünden

Ihr habt den Samen des Glaubens gesät

Ihr habt den Irrenden die Wahrheit gelehrt

Ihr steht in der Nachfolge der Apostel

Ihr habt die Liebe gelebt und weitergegeben

Ihr habt die Menschen zu Christus geführt
Ihr habt ihnen die Gnade der Taufe gespendet
Ihr habt die Einheit Gottes in Liebe bezeugt
Ihr seid ein Widerschein göttlicher Dreieinigkeit
Ihr habt die Ehe als Vorbild göttlicher Einheit geschützt
Ihr habt das Kreuz auf euch genommen
Ihr habt durch euer Martyrium Gott verherrlicht
Ihr seid von Gott erhöht
Ihr habt teil an der Auferstehung Christi
Ihr lebt in der himmlischen Gegenwart Gottes.

V   Ihr heiligen Frankenapostel, wir rufen euch an.
A   Bittet für uns bei Gott.
V   Ihr seid Gottes Ruf bis in den Tod gefolgt.
A   Zeigt uns den Weg zu Gott.
V   Gott hat euch zu sich aufgenommen.
A   Geleitet uns am Ende unseres Lebens in den Himmel.
V   Barmherziger Gott, im Zeugnis der Heiligen Kilian,
Kolonat und Totnan hast du uns ein Vorbild für unseren
Weg des Glaubens geschenkt. Wir danken dir für dieses
Erbe, das du in unsere Hände legst. Stärke in uns auf die
Fürsprache der Frankenapostel den Willen, gleich ihnen
deinem Ruf zu folgen, und nimm uns am Ende unserer
Tage auf in deine Herrlichkeit.
Durch Christus, unseren Herrn.   A   Amen.

LIED   97

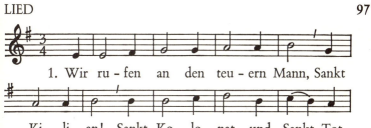

1. Wir ru - fen an den teu - ern Mann, Sankt
Ki - li - an! Sankt Ko - lo - nat und Sankt Tot -

nan! Dich lo - ben, dir dan - ken dei - ne

Kin - der in Fran-ken, Sankt Ki - li - an!

2. Mit Kolonat und mit Totnan / warst du dem Herren untertan.

3. Dein Beispiel halten wir stets wach / und folgen darin Christus nach.

4. Dein Glaubenszeugnis preisen wir, / dein Leben ist uns Vorbild hier.

T (1. Str.) und M: Gg. Vogler (Catechismus) Würzburg 1625; 2.–4. Str.: Jürgen Lenssen (GL 909)

98 ALTIRISCHER HYMNUS

V   Quell der Güte, würdig des höchsten Preises,
großer Vater, selig in großen Werken,
der die ganze Schöpfung lenkt mit dem Wink des Weltenbeherrschers,
Hoffnung, Heil der Welt, du ihr heil'ger König,
wirfst die Bosheit nieder, belohnst die Demut,
deine hohe Macht läßt das Tal sich heben,
senken die Berge.
A   Guten läßt du strahlen das Licht der Wahrheit
tief im Herzen und auf des Geistes Zinne,
stets beschirmst du, mächtig auf heil'gem Throne,
Schöpfer, die Deinen.
Schallend Gloria, Chöre von Hosanna,
preist den Vater und Christus, den er zeugte,
preist den Heiligen Geist: Meer, Land und Himmel,
rühmt seine Ehre!

GEBET   99

V   Im Geist der Kindschaft, die wir von Gott empfangen
haben, und im Geist der Nachfolge, die unsere Antwort
auf seine Liebe ist, beten wir, wie es uns Gottes Sohn gelehrt hat. Wir stimmen damit ein in den großen Chor der
Beter der Kirche, gemäß dem Beispiel, das uns die Frankenapostel gegeben haben:
A   Vater unser im Himmel ...

Segen

I. Manualsegen   100

V   Der Herr sei mit euch.
A   Und mit deinem Geiste.
V   Es segne euch Gott, der Vater, der uns seinen Sohn ge-
sandt hat.
A   Amen.
V   Es segne euch Gott, der Sohn, der die Frankenapostel
in seinen Dienst genommen hat.
A   Amen.
V   Es segne euch Gott, der Heilige Geist, der uns in der
Nachfolge Christi begleitet.
A   Amen.
V   Und so segne euch der allmächtige und dreieinige
Gott, † der Vater und der Sohn und der Heilige Geist.
A   Amen.

ALTIRISCHES GEBET   101

A   Gott vor mir,
Gott hinter mir,
Gott über mir,
Gott unter mir,

Auf Gottes Wegen gehe ich
und Gott in meiner Spur.
V   Gehet hin in Frieden.
A   Dank sei Gott, dem Herrn.

102 II. Eucharistischer Segen

Wenn die Andacht mit dem eucharistischen Segen be-
schlossen wird, singt die Gemeinde statt des Kiliansliedes
folgenden Gesang zur Aussetzung. Anschließend werden
das Wechselgebet und das Vaterunser gesprochen, denen
das »Tantum ergo« (s. Gotteslob 541–544, 867–869 zur
Auswahl) und der Segen folgen. Zum Abschluß Lied Nr. 104.

LIED

1. Chri-sten, singt mit fro-hem Her-zen,

prei-set Gott, das höch-ste Gut,   das Ge-heim-nis

sei-ner Lie-be,   prei-set sei-nen Leib, sein Blut:

je-nen Leib, der   an-ge-hef-tet   an dem

Kreu-ze   für   uns starb;   je-nes Blut, das

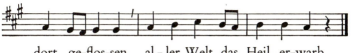

dort ge-flos-sen, al - ler Welt das Heil er-warb.

5. Christen, betet dies Geheimnis in dem Geist der Demut an; / unser Glaub' ersetze alles, was der Sinn nicht fassen kann: / Dieses Denkmal seiner Liebe in dem heil'gen Sakrament / fordert unsre Gegenliebe jetzt im Neuen Testament.

T und M: Landshut 1777   (GL 874)

III. Segensgebet des Gottesdiensthelfers   103

Wenn die Andacht von einem Laien gehalten wird, entfallen der Manualsegen und der eucharistische Segen. Statt dessen wird folgendes Segensgebet gesprochen:

V   Gott der Vater hat uns seinen Sohn gesandt. Gott der Sohn hat seine Jünger beauftragt, in seinem Namen den Menschen die frohe Botschaft zu verkünden und sie zu taufen. Gott der Heilige Geist steht uns bei, dieser göttlichen Sendung zu folgen und wie die heiligen Frankenapostel Kilian, Kolonat und Totnan treue Jünger Christi zu sein.

Dazu helfe uns mit seinem Segen der dreieinige Gott, der Vater und der Sohn und der Heilige Geist. Amen.

ALLGEMEINES SCHLUSSLIED   104

1. O   himm - li - sche Frau   Kö-ni - gin,   du

al - ler Wel - ten Herr-sche-rin! Du Her - zo -

gin von Fran-ken bist, das Her-zog-tum dein

ei - gen ist. Dar-um, o Mut - ter, dei - ne

Hand halt ü - ber uns im Fran - ken - land.

2. Dir, Jungfrau, Mutter, ist geweiht das Bistum schon seit alter Zeit. Was Kilian einst hier gesät, durch deine Hilfe Früchte trägt. Patronin Frankens, deine Hand führ uns ins ew'ge Heimatland.

T: 1. Str. von H. Weigl, Würzburg 1927, 2. Str. von J. Lenssen
M: Würzburg, Pörtnersches Melodienbuch (GL 897)

HINWEIS
Es sei hier auch auf die »Andacht zu den heiligen Franken-aposteln« verwiesen, die im Würzburger Diözesanteil des Gebet- und Gesangbuches »Gotteslob« unter der Nummer 910 zu finden ist.
Diese Andacht richtet sich an den »acht Seligkeiten« der Bergpredigt aus. Dadurch ist auch ein Bezug zu den bildhaften Darstellungen der »acht Seligkeiten« gegeben, die als Stützen und Füße dem neuen Kiliansschrein dienen.

Kilianswallfahrt

Die Wallfahrt nach Würzburg zum Kiliansdom und zur Kiliansgruft in der Neumünsterkirche bietet eine besondere Möglichkeit, den Frankenaposteln näherzukommen, sie zu verehren und sich von ihrem Geist erfassen zu lassen. Die folgenden Texte wollen dabei helfen. Sie sind den verschiedenen Stationen der Wallfahrt zugeordnet, dem Beginn, dem Ziel und der Heimkehr, die zugleich ein neuer Aufbruch ins Leben sein soll.

Inhaltlich richtet sich die Wallfahrt am Glaubensweg der Frankenapostel aus. Wir hören auf den Sendungsauftrag Jesu und brechen auf – Wir sind das Volk Gottes unterwegs – Uns geleiten das Vorbild und die Fürsprache der Diözesanpatrone – Mit den Frankenaposteln gehen wir durch Kreuz und Tod ein in Gottes Herrlichkeit – Was wir gehört, erfahren und erlebt haben, bezeugen wir auf unserem Weg durch die Zeit.

Im einzelnen sind folgende Wallfahrtsstationen vorgesehen:

– Wortgottesdienst zu Beginn der Wallfahrt mit dem Pilgersegen

– Wortgottesdienst während der Wallfahrt – an einem Bildstock, in einer Kilianskirche oder am Stadtrand von Würzburg

– geistliche Impulse für den Weg, die unterwegs im Omnibus oder bei einem Halt das Glaubenszeugnis der Frankenapostel wachrufen und ins Gebet münden lassen

– Wallfahrtsmesse in Würzburg

– Wortgottesdienst bei der Rückkehr.

Wortgottesdienst zu Beginn der Wallfahrt

105 LIED

1. Wir ru – fen an den teu – ern Mann, Sankt Ki – li – an! Sankt Ko – lo – nat und Sankt Tot – nan! Dich lo – ben, dir dan – ken dei – ne Kin – der in Fran – ken, Sankt Ki – li – an!

11. In Würzburg ruht der heil'ge Mann / mit den Genossen lobesam.

T und M: Gg. Vogler (Catechismus) Würzburg 1625   (GL 909)

106 ERÖFFNUNG

V   Im Namen des Vaters und des Sohnes und des Heiligen Geistes.

A   Amen.

V   Gnade und Friede von Gott, unserem Vater, und unserem Herrn Jesus Christus, der uns in seine Nachfolge ruft, sei mit euch.

A   Und mit deinem Geiste.

V   Wir brechen nach Würzburg auf, um dort unsere Diözesanpatrone, die heiligen Frankenapostel Kilian, Kolonat und Totnan, zu ehren. Auf ihrem Weg von Irland ins Frankenland haben sie das Wort des Herrn verkündet, in Würzburg haben sie die Menschen zu einer Glaubens- und Gebetsgemeinschaft um sich geschart und das Martyrium erlitten. Ihre Gebeine in der Krypta der Neumünsterkirche und ihre Häupter im Altar des Hohen Domes sind uns Zeichen ihres apostolischen Wirkens und Zeugnisses. Sie mahnen uns, nach dem Vorbild der Frankenapostel in Einheit mit Christus und in der Treue zum Herrn untereinander und miteinander den Glauben zu bezeugen.

Indem wir miteinander zu dieser Wallfahrt aufbrechen, geben wir unseren Willen dazu kund und stellen uns unter den Sendungsauftrag des Herrn. Gott möge uns auf die Fürsprache der Frankenapostel darin beistehen und begleiten.

PSALM   **107**

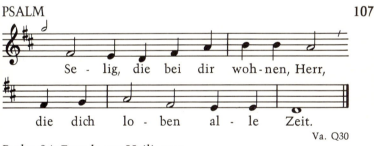

Se - lig, die bei dir woh - nen, Herr,
die dich lo - ben al - le Zeit.

Va. Q30

Psalm 84: Freude am Heiligtum

1. Wie liebenswert ist deine Wohnung, Herr der Heerscharen! / Meine Seele verzehrt sich in Sehnsucht *
nach dem Tempel des Herrn.
2. Mein Herz und mein Leib jauchzen ihm zu, *
ihm, dem lebendigen Gott.

5. Wohl den Menschen, die Kraft finden in dir, *, wenn sie
sich zur Wallfahrt rüsten.
6. Ziehen sie durch das trostlose Tal, /
wird es für sie zum Quellgrund, *
und Frühregen hüllt es in Segen.
8. Herr der Heerscharen, höre mein Beten, *
vernimm es, Gott Jakobs!
12. Denn Gott der Herr ist Sonne und Schild. *
Er schenkt Gnade und Herrlichkeit;
13. der Herr versagt denen, die rechtschaffen sind, keine
Gabe. *
Herr der Heerscharen, wohl dem, der dir vertraut! —
14. Ehre sei dem Vater und dem Sohn *
und dem Heiligen Geist,
15. wie im Anfang, so auch jetzt und alle Zeit *
und in Ewigkeit. Amen.   *Kehrvers*

(GL 649)

108 ZUR BESINNUNG

In der Lebensbeschreibung des heiligen Kilian (Passio minor) lesen wir von der Nachfolgebereitschaft und vom
Aufbruch der Frankenapostel:
»Nun begab es sich aber, daß eines Tages an ihn (Kilian)
durch das Evangelium gleichsam als der Stimme des Herrn
eine Mahnung erging, durch die Stelle: ›Wer mir nachfolgen will, der verleugne sich selbst, nehme sein Kreuz auf
sich und folge mir nach‹ (Lk 9,23).
Der hochselige Mann, ganz im Herzen und im Geist davon
ergriffen, erwog diese Worte. Er sammelte seine Gefährten
und Schüler um sich ... und begann sie zu überzeugen, das
Eigentum zu verachten und gemäß dem Evangelium des
Herrn Vaterland und Eltern zu verlassen und ohne alles
Christus nachzufolgen.

Und jene leisteten sofort der heiligen Mahnung des seligen Mannes Folge, schlossen sich fest zusammen, ließen alles zurück, brachen von ihrem Vaterlande auf und kamen in das Gebiet der östlichen (Franken) zu dem Kastell, das Wirziburc genannt wird.«   Passio minor 2 f.

WECHSELGEBET   **109**

V   Der Herr ruft den Jüngern zu: Kommt her, folgt mir nach.

A   Sogleich ließen sie ihre Netze liegen und folgten ihm.

V   Jesus sprach: Meine Speise ist es, den Willen dessen zu tun, der mich gesandt hat.

A   Blickt umher und seht, daß die Felder weiß sind, reif zur Ernte.

V   Einer sät, und ein anderer erntet.

A   Der Herr sagt: Ich habe euch gesandt, zu ernten, wofür ihr nicht gearbeitet habt;

V   andere haben gearbeitet, und ihr erntet die Frucht ihrer Arbeit.

A   Die Saat, die Gott gesät hat, ernten die Apostel und bringen sie wieder zur Aussaat.

V   Die Frankenapostel haben geerntet und gesät.

A   Darin sind sie Knechte des einen Herrn, wie wir es auch sein dürfen. Auch wir dürfen ernten und die Saat des Glaubens neu aussäen.

V   Auf alle, die in der Nachfolge Christi stehen, trifft das Wort des Apostels Paulus zu: So ist weder der etwas, der pflanzt, noch der, der begießt, sondern nur Gott, der wachsen läßt.

Wer pflanzt und wer begießt, arbeitet am gleichen Werk, jeder aber erhält seinen besonderen Lohn, je nach der Mühe, die er aufgewendet hat. Denn wir sind Gottes Mitarbeiter.

A   Mit Paulus danken wir für die Berufung der Frankenapostel und für unsere Berufung:
Ich danke dem, der mir Kraft gegeben hat: Christus Jesus,
unserem Herrn.
Er hat mich für treu gehalten und in seinen Dienst genommen.
V   So übergroß war die Gnade unseres Herrn, die mir in
Christus Jesus den Glauben und die Liebe schenkte.
Gott hat uns nicht einen Geist der Verzagtheit gegeben,
sondern den Geist der Kraft, der Liebe und der Besonnen-
heit.
A   Er hat uns gerettet;
mit einem heiligen Ruf hat er uns gerufen,
nicht aufgrund unserer Werke, sondern aus eigenem Ent-
schluß und aus Gnade, die uns schon vor ewigen Zeiten in
Christus Jesus geschenkt wurde.
V   Wie der Herr die Frankenapostel in seinen Dienst ge-
rufen hat, beruft er auch uns.
A   Wir hören sein Wort und wollen es befolgen.
V   Die Frankenapostel sind dem Herrn gefolgt.
A   Wir folgen ihrem Beispiel und beschreiten den Weg
des Herrn.

110 LIED

1. Wohl de - nen, die da wan - deln vor
   nach sei - nem Wor - te han - deln und

Gott in Hei - lig - keit,
le - ben al - le - zeit.
Die recht von

Her - zen su - chen Gott und sei - ner Wei - sung
fol - gen, sind stets bei ihm in Gnad.

2. Lehr mich den Weg zum Leben, / führ mich nach deinem Wort, / so will ich Zeugnis geben / von dir, mein Heil und Hort. / Durch deinen Geist, Herr, stärke mich, / daß ich dein Wort festhalte, / von Herzen fürchte dich.

T: nach Cornelius Becker 1602   M: Heinrich Schütz 1661   (GL 614)

ANRUFUNGEN   111

V   Gott Vater, Ursprung und Ziel unseres Lebens,
A   erbarme dich unser.
V   Gott Sohn, Weg, Wahrheit und Leben,
A   erbarme dich unser.
V   Gott, Heiliger Geist, Licht auf unseren Wegen,
A   erbarme dich unser.
V   Heilige Maria,
A   bitte für uns.
V   Heiliger Erzengel Michael,
A   bitte für uns.
V   Heiliger Glaubensvater Abraham,
A   bitte für uns.
V   Heiliger Prophet Elias,
A   bitte für uns.
V   Heiliger Apostel Paulus,
A   bitte für uns.
V   Heiliger Jakobus,
A   bitte für uns.

V   Heiliger Christophorus,
A   bitte für uns.
V   Heiliger Kilian,
A   bitte für uns.
V   Heiliger Kolonat,
A   bitte für uns.
V   Heiliger Totnan,
A   bitte für uns.
V   Ihr Heiligen und Seligen unseres Bistums,
A   bittet für uns.
V   Alle Heiligen Gottes,
A   bittet für uns.
V   Um eine gute Wallfahrt,
A   bittet für uns.

112 SEGENSGEBET

V   Der Name des Herrn sei gepriesen.
A   Von nun an bis in Ewigkeit.
V   Lasset uns beten.

Gott, du hast deinen Knecht Abraham auf allen Wegen unversehrt behütet. Du hast die Söhne Israels auf trocke-nem Pfad mitten durch das Meer geführt. Durch den Stern hast du den Weisen aus dem Morgenland den Weg zu Christus gezeigt.

Alle, die deinem Sohn in ihrem Apostolat nachgefolgt sind, hast du mit deinem Segen beschirmt. So hast du die Heiligen Kilian, Kolonat und Totnan auf ihrem Weg in unser Land behütet und ihrem apostolischen Wirken rei-che Frucht geschenkt.

Geleite auch uns auf unserer Wallfahrt nach Würzburg zu den Stätten des Wirkens und des Martyriums unserer Diözesanpatrone. Laß uns deine Gegenwart erfahren, mehre unseren Glauben, stärke unsere Hoffnung und erneuere unsere Liebe. Schütze uns vor allen Gefahren. Führe uns glücklich ans Ziel unserer Wallfahrt und laß uns wieder unversehrt zurückkehren. Gewähre uns, daß wir das Ziel unserer irdischen Pilgerschaft erreichen und mit den heiligen Frankenaposteln das ewige Heil erlangen. Darum bitten wir durch Christus, unseren Herrn.

A   Amen.

FÜRBITTEN   113

V   Wir beten zu Gott, der uns auf allen Wegen nahe ist.

A   Himmlischer Vater, geleite uns auf unserer Wallfahrt.

V   Öffne unsere Augen, Ohren und Herzen für deinen Anruf.

A   Laß uns auf dieser Wallfahrt und auf allen unseren Lebenswegen deinem Sohn folgen.

V   Laß uns die Früchte des Glaubens dankbar ernten.

A   Laß uns auch selbst zur Glaubenssaat werden.

V   Alle unsere Anliegen und Bitten, die wir mit auf unsere Wallfahrt nehmen, wollen wir in das Gebet einbinden, das uns der Herr selbst gelehrt hat:

A   Vater unser im Himmel ...

SEGEN   114

V   Der Herr sei mit euch.

A   Und mit deinem Geiste.

V   Gott, der allmächtige Vater, segne euch; er bewahre euch vor Unheil und Schaden.   A   Amen.

V   Er öffne eure Herzen für sein göttliches Wort und festige sie in seiner Liebe zum Bekenntnis des Glaubens.

A   Amen.

V   Er lenke eure Schritte auf den Weg seines Sohnes und führe euch zur Gemeinschaft der Frankenapostel und aller Heiligen.   A   Amen.

V   Das gewähre euch der dreieinige Gott, † der Vater
und der Sohn und der Heilige Geist.
A   Amen.
V   Gehet hin in Frieden.
A   Dank sei Gott dem Herrn.

115 LIED

1. V Zu   dei - ner Ehr', Gott, wal - len wir,

A Ky - ri - e   e - le - i - son! V All   uns - re

Not wir   kla - gen dir. A Hal - le - lu - ja, Hal-

le - lu - ja! Bitt Gott für uns, Ma - ri - a!

2. V Gott Vater von dem höchsten Thron! A Kyrie eleison.
V   Wir bitten dich, huldreich verschon! A   Halleluja ...
4. V   Wir bitten dich, Herr Jesu Christ, A   Kyrie eleison.
V   für uns du Mensch geworden bist. A   Halleluja ...
6. V   Wir bitten dich, o Heil'ger Geist, A   Kyrie eleison.
V   dein' Lieb' uns alle Hilf' verheißt. A   Halleluja ...
14. V   O Heiligste Dreifaltigkeit, A   Kyrie eleison.
V   sieh an die Not der Christenheit. A   Halleluja ...

T: Mainz 1712   M: Köln 1623   (GL 883)

Wortgottesdienst als Statio während der Wallfahrt

LIED   116

1. Aus Irland zoget ihr einst fort,
als Christi Jünger,
berufen durch des Herren Wort,
Sankt Kilian, Sankt Kolonat und Totnan.
2. Dem einen Gott gabt ihr euch hin,
als Christi Jünger,
zu dritt, doch eins in Herz und Sinn,
Sankt Kilian, Sankt Kolonat und Totnan.
3. Heilsboten unserm Frankenland,
als Christi Jünger,
geführt von Gottes Vaterhand,
Sankt Kilian, Sankt Kolonat und Totnan.
4. Wir bitten euch um das Geleit,
als Christi Jünger,
für unsern Weg durch diese Zeit,
Sankt Kilian, Sankt Kolonat und Totnan.
5. Reicht uns vom Himmel eure Hand,
als Christi Jünger,
beschützt das Bistum und das Land,
Sankt Kilian, Sankt Kolonat und Totnan.

T: Jürgen Lenssen   M: »Freu dich, erlöste Christenheit«   (GL 861)

ERÖFFNUNG   117

V   Unser Bischof Paul-Werner schreibt in seinem Hirtenwort »Glaubenserneuerung im Geist der Frankenapostel.
1300 Jahre Mission und Martyrium der Heiligen Kilian,
Kolonat und Totnan«:

»Um unseres Glaubens willen ist es an der Zeit, sich neu vom Zeugnis unserer Frankenapostel ergreifen zu lassen, vom Zeugnis ihrer Predigt, ihres Lebens und Wirkens und vor allem ihres Sterbens ... Dem Sendungsauftrag Christi gehorsam, sind die Frankenapostel in unser Land gekommen. In Wort und Tat haben sie das Evangelium verkündet und am Ende mit ihrem Blut besiegelt. Was haben wir aus der Gabe des Glaubens gemacht? Wie nehmen wir den Auftrag Christi wahr? Das sind Gewissensfragen, denen jeder einzelne sich zu stellen hat. ... Die Wurzel des christlichen Lebens, der Glaube, muß neu werden, wenn neues Leben wachsen und Frucht bringen soll. Um diese Gnade wollen wir beten.«

118 GEBET

V   Allmächtiger und barmherziger Gott.
Wir danken dir von ganzem Herzen für alle Hilfen,
die du uns durch die Mission und das Martyrium
der Frankenapostel geschenkt hast.
Wir bitten dich:
A   Erneuere und stärke den Glauben,
den sie im Leben und Sterben bezeugt haben.
Gib, daß wir nach ihrem Vorbild helfen,
wo immer Hilfe nötig ist.
Laß uns in Treue und mit Freude
die Heilsgeheimnisse feiern,
wie sie es getan haben.
Mach uns in ihrem Geist
zu deinen Aposteln in unserer Zeit.
V   Das gewähre uns auf die Fürsprache
der Heiligen Kilian, Kolonat und Totnan
durch Jesus Christus, deinen Sohn,
unseren Herrn und Gott,

der in der Einheit des Heiligen Geistes
mit dir lebt und herrscht in Ewigkeit.
A   Amen.   Bischof Paul-Werner Scheele

SCHRIFTLESUNG   119

V   Wir sind erwählt als Volk Gottes. Diese Gnade verpflichtet uns, das uns anvertraute Glaubensgut zu bewah-
ren und weiterzugeben. Unser Leben sei das Zeugnis des
Glaubens. Dieser Auftrag spricht aus der Lesung aus dem
ersten Petrusbrief, die in uns wachruft, welche Gnade wir
empfangen haben und was unser Auftrag ist. Der Apostel
schreibt:
Gottes Macht behütet euch durch den Glauben, damit ihr
das Heil erlangt, das am Ende der Zeit offenbart werden
soll. Deshalb umgürtet euch und macht euch bereit! Seid
nüchtern und setzt eure Hoffnung ganz auf die Gnade, die
euch bei der Offenbarung Jesu Christi geschenkt wird. Wie
er, der euch berufen hat, heilig ist, so soll auch euer ganzes
Leben heilig werden. Denn es heißt in der Schrift: Seid heilig, denn ich bin heilig. Und wenn ihr den als Vater an-
ruft, der jeden ohne Ansehen der Person nach seinem Tun
beurteilt, dann führt auch, solange ihr in der Fremde seid,
ein Leben in Gottesfurcht. Ihr aber seid ein auserwähltes
Geschlecht, eine königliche Priesterschaft, ein heiliger
Stamm, ein Volk, das sein besonderes Eigentum wurde, damit ihr die großen Taten dessen verkündet, der euch aus
der Finsternis in sein wunderbares Licht gerufen hat. Einst
wart ihr nicht sein Volk, jetzt aber seid ihr Gottes Volk.

                               1 Petr 1, 5. 13. 15–17; 2, 9–10a

WECHSELGEBET   120

V   Wir sind Gottes Volk,
A   gestärkt durch das Beispiel und Vorbild der Heiligen.

V   Wie die Heiligen haben auch wir uns auf den Weg gemacht,
um das Heilshandeln Gottes an uns Menschen zu loben
und das Wort Christi zu verkünden.
A   Was die Heiligen uns vorgelebt haben,
sei unser Ansporn für unseren Glaubensweg.
V   Gleich ihnen feiern wir die Heilsgeheimnisse,
damit Christus in unserer Zeit lebendig sei und wir aus
ihm leben.
A   Wie die Heiligen sind auch wir gesandt,
den Menschen den Zugang zum Heil zu öffnen.
V   Wir sind unterwegs durch die Zeit,
durch tiefe Täler und über lichte Höhen,
eingebunden in unsere Grenzen,
doch nicht ohne Hoffnung.
A   Wir sind unterwegs durch die Zeit
und halten Ausschau nach der künftigen Herrlichkeit.
V   Herr Jesus Christus,
wie die Frankenapostel sendest du uns aus,
den Menschen das Heil zu verkünden.
Wir bitten dich: Bleibe bei uns auf unserem Weg.
Vermehre unseren Glauben.
Stärke unsere Hoffnung.
Entzünde unsere Liebe.
Schenk uns apostolischen Geist,
damit wir dein Volk seien in dieser Zeit,
Zeugen des Glaubens an dich, unseren Herrn. Amen.
V   Um den Beistand Gottes auf unserem Weg und um die
Gnade des Apostolats für unsere Zeit laßt uns beten, wie
uns der Herr selbst zu beten gelehrt hat:
A   Vater unser im Himmel ...
V   Lasset uns ziehen in Frieden.
A   Dank sei Gott, dem Herrn.

LIED   **121**

1. V Kilian, Kolonat, Totnan,
   A Kyrie eleison,
   V ihr Schutzpatrone, hört uns an!
   A Halleluja,
      Halleluja! Bitt Gott für uns, Maria!
2. V Frankenapostel, seid bereit,
   A Kyrie eleison,
   V zu führen uns durch diese Zeit!
   A Halleluja...
3. V Erhaltet uns im Glauben treu!
   A Kyrie eleison.
   V Von allem Irrtum macht uns frei.
   A Halleluja...
4. V Laßt eins uns mit dem Herren sein,
   A Kyrie eleison,
   V gleich euch uns seiner Gnad' erfreun!
   A Halleluja...
5. V Wir bitten euch für's Frankenland,
   A Kyrie eleison,
   V das Bistum schützt mit eurer Hand!
   A Halleluja...

T: Jürgen Lenssen   M: »Zu deiner Ehr', Gott, wallen wir« (GL 883)

Wallfahrtsgebete

Außer den »geistlichen Impulsen für den Weg« bieten sich zur Gestaltung einer Wallfahrt zu den Verehrungsstätten der Frankenapostel aus den Kiliansandachten die Wechselgebete, die Christusrufe und die Litanei von den Frankenaposteln an. Um die schon angegebenen Möglichkeiten noch zu erweitern, können die folgenden Gebete und die »Litanei der Heiligen und Seligen Frankens« herangezogen werden.

Diese Wallfahrtsgebete wie auch die Andachten zu den Frankenaposteln können insgesamt oder auszugsweise bei der Verehrung der Reliquien der Frankenapostel in der Kiliansgruft der Neumünsterkirche oder im Hohen Dom zu Würzburg eingesetzt werden.

122 LITANEI DER HEILIGEN UND SELIGEN FRANKENS

In dieser Litanei werden die Heiligen und Seligen genannt und um ihre Fürsprache angerufen, die in unserem Bistum wirkten oder in unserer Diözese besondere Verehrung erfahren haben. Bis auf die namentliche Anrufung der Heiligen ist diese Litanei mit der Allerheiligen-Litanei identisch.

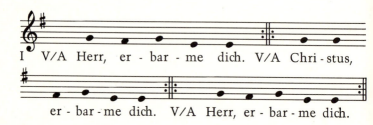

I   V/A Herr, er - bar - me dich. V/A Chri - stus, er - bar - me dich. V/A Herr, er - bar - me dich.

oder:

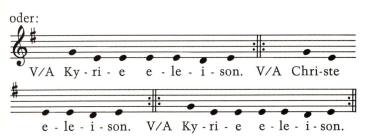

V/A Ky - ri - e   e - le - i - son.   V/A Chri-ste

e - le - i - son.   V/A Ky - ri - e   e - le - i - son.

II V Christus, hö - re uns.   A Christus, er - hö - re uns.

III V Gott Vater im Himmel,   A er-bar-me dich un-ser.

Gott Sohn, Erlöser der Welt
Gott Heiliger Geist
Heiliger dreifaltiger Gott

V Heilige Ma - ri - a,   A bit - te(t) für uns.

Heiliger Urban
Heiliger Zacharias
Heiliger Kilian
Heiliger Kolonat
Heiliger Totnan
Heiliger Willibrord
Heiliger Arno
Heiliger Bonifatius
Heiliger Burkhard
Heiliger Megingaud

Heiliger Willibald
Heiliger Lullus
Heiliger Rabanus
Heiliger Willigis
Heiliger Bardo
Heiliger Bruno
Heiliger Adalbero
Heiliger Wolfgang
Heiliger Otto
Heiliger Creszentius
Heiliger Johannes Nepomuk Neumann
Ihr heiligen Päpste und Bischöfe
Heiliger Adrianus
Heilige Alexander und Calepodius
Heilige Antoninus und Victorius
Heiliger Alban
Heiliger Fortunatus
Heiliger Aureus
Heilige Justina
Heiliger Patto
Heilige Regiswindis
Heiliger Aquilinus
Ihr heiligen Martyrer
Heilige Gertrud
Heilige Hadeloga
Heilige Thekla
Heilige Lioba
Heiliger Wigbert
Heiliger Gumbert
Heilige Walburga
Heiliger Wunibald
Heiliger Sturmius
Heilige Luitburgis

Heiliger Norbert
Heiliger Gottfried
Heiliger Makarius
Heiliger Albert
Heiliger Petrus Canisius
Ihr heiligen Jungfrauen und Mönche
Heilige Radegundis
Heilige Bilhildis
Heiliger Heinrich
Heilige Kunigunde
Heilige Hedwig
Heilige Elisabeth
Ihr heiligen Männer und Frauen
Seliger Coboll
Seliger Karlmann
Selige Immina
Seliger Waltherich
Seliger Benedikt von Aniane
Seliger Egbert von Münsterschwarzach
Selige Richeza
Selige Alberata
Seliger Gregor
Selige Jutta
Seliger Liborius Wagner
Seliger Johann Melchior Söllner
Ihr seligen Männer und Frauen
Ihr Heiligen unsres Landes
Ihr Heiligen unsres Bistums
Ihr heiligen Bekenner
Alle Heiligen Gottes

Heilige (Tagesheilige oder Patrone) können entsprechend eingefügt werden.

V Jesus, sei uns gnä-dig; A Herr, be-frei-e uns.

Sei uns barmherzig
Von allem Bösen
Von aller Sünde
Von der Versuchung durch den Teufel
Von Zorn, Haß und allem bösen Willen
Von Süchtigkeit und Unzucht
Von Stolz und Hochmut
Von Spott und Verrat
Von Gleichgültigkeit und Trägheit
Von Schwermut und Verzweiflung
Von Verblendung des Geistes
Von Verhärtung des Herzens
Von Unwetter und Katastrophen
Von Hunger, Krieg und Krankheit
Von der Vergiftung der Erde
Von einem plötzlichen Tode
Von der ewigen Verdammnis
Durch deine Geburt und dein heiliges Leben
Durch dein Leiden und Sterben
Durch deine Auferstehung und Himmelfahrt
Durch die Sendung des Heiligen Geistes
Durch deine Gegenwart bis zum Ende der Zeit
Am Tag deiner Wiederkunft

V Wir ar-men Sün-der, A wir bit-ten dich, er-hö-re uns.

Schütze deine Kirche und leite sie
Erleuchte den Papst, unsern Bischof und alle Hirten

Erfülle alle Glieder der Kirche mit der Kraft des Heiligen Geistes

Erneuere deine Kirche im Glauben, in der Hoffnung und in der Liebe

Öffne den Ungläubigen die Ohren für deine Botschaft

Stärke deine Kirche in Bedrängnis und Verwirrung

Gib ihren Feinden Einsicht und Umkehr

Führe dein Volk zur Einheit

Schenke den Völkern der Erde Frieden und Freiheit

Bewahre sie vor Mißbrauch der Macht und allem Unrecht

Laß alle Menschen teilhaben an den Gütern der Erde

Erfülle uns mit Liebe und Barmherzigkeit

Segne alle, die uns Gutes tun

Daß die Eheleute fest bleiben in Treue

Daß Eltern und Kinder einander verstehen

Mach uns bereit zu Buße und Umkehr

Daß wir in deinem Dienste bleiben

Daß du uns wachend findest bei deinem Kommen

Gib den Verstorbenen das ewige Leben

V Lamm Got - tes, du nimmst hinweg die Sün - de der Welt; A Herr, ver - scho - ne uns.

V Lamm Gottes, du nimmst hinweg die Sünde der Welt;
A Herr, erhöre uns.
V Lamm Gottes, du nimmst hinweg die Sünde der Welt;
A Herr, erbarme dich.
Lasset uns beten. – Barmherziger Gott, du hilfst deinen Dienern in ihrer Not und erhörst ihr Bitten. Wir danken

dir, denn du hast uns Barmherzigkeit erwiesen. Bewahre uns vor Unheil und schenke uns Freude in deinem Dienst. Durch Christus, unsern Herrn.   A   Amen.   (nach GL 762)

123 GEBET ZU DEN BLUTZEUGEN KILIAN,
KOLONAT UND TOTNAN

V   Heiliger und barmherziger Gott.
Wir kommen zu dir, weil du unsere einzige Zuflucht bist.
A   Wir danken dir, daß wir bei dir Zuflucht nehmen dürfen.
V   Du bist uns Rat und Hilfe.
A   Herr, steh uns bei und erbarme dich unser.
V   Du vergibst unsere Sünden in deiner Liebe.
A   Verzeih uns unsere Selbstsicherheit und Stumpfheit, unsere Kleingläubigkeit und Zweifel.
A   Wecke und stärke unsere Hoffnung.
V   Erneuere unseren Glauben.
A   Entzünde unsere Liebe.
V   Richte uns auf und laß uns die Not der Menschen zu unserer eigenen machen.
A   Herr, steh uns bei und erbarme dich unser.
V   Erbarme dich der Entrechteten, der Verfolgten und der Gefangenen, die dieses Schicksal um deinetwillen erleiden.
A   Wir bitten dich für alle, die den Weg deines Kreuzes gehen.
V   Stärke unsere Gewißheit, daß keine Macht und Gewalt uns deinen Händen entreißen kann.
A   Laß uns unsere Hoffnung über Leid und Tod hinaus auf dich richten.
V   Gib, daß wir am Ende unseres Lebens und der Zeit uns deiner Herrlichkeit und Herrschaft erfreuen können.
A   Herr, steh uns bei und erbarme dich unser.
V   Laß uns wie unsere Heiligen Kilian, Kolonat und Tot-

nan geduldig und treu alle Leiden um deinetwillen ertragen.

A   Laß uns mit ihnen die Krone des ewigen Lebens erlangen.

V   Um der Fürsprache unserer Diözesanpatrone willen bitten wir dich:

A   Herr, steh uns bei und erbarme dich unser. Amen.

GEBET ZU DEN DIÖZESANPATRONEN KILIAN, KOLONAT UND TOTNAN   **124**

V   Blutzeuge Christi, heiliger Kilian, du hast mit den Heiligen Kolonat und Totnan, für den Namen Gottes kämpfend, die Krone der ewigen Herrlichkeit verdient. Bitte bei Gott für unser Bistum, damit alle, die deinen Namen anrufen, die ewige Freude des Himmels erlangen.

V   Es frohlocken die Heiligen in der Herrlichkeit.

A   Sie freuen sich in den himmlischen Wohnungen.

V   Barmherziger Gott, du hast im Ratschluß deiner ewigen Weisheit den heiligen Kilian und seine getreuen Mitarbeiter zum Werkzeug des Heiles erwählt und mit reichen Gaben und Gnaden beschenkt. Wir bitten dich, erleuchte uns mit deiner heiligen Gnade durch Christus, unseren Herrn.   A   Amen.

V   Bittet für uns, heiliger Kilian, Kolonat und Totnan.

A   Auf daß wir würdig werden der Verheißungen Christi.

V   Gott, du hast das Frankenland durch die Predigt der Heiligen Kilian, Kolonat und Totnan aus der Finsternis des Heidentums zum wunderbaren Licht des Glaubens geführt. Auch wir sind durch sie im Glauben unterrichtet worden. So laß uns nach ihrem Beispiel der nachfolgenden Generation den Glauben weitergeben und durch ihre Fürbitte in unseren Anliegen Erhörung finden; durch Christus, unseren Herrn.   A   Amen.

Wallfahrtsmesse

125 EINGANGSLIED

1. Wir ru - fen an den teu - ern Mann, Sankt Ki - li - an! Sankt Ko - lo - nat und Sankt Tot - nan! Dich lo - ben, dir dan - ken dei - ne Kin - der in Fran-ken, Sankt Ki - li - an!

4. Das göttlich Wort hast ausgesät, / von ihm der Franken Heil ersteht.

9. Er hat besprengt mit seinem Blut / den ausgestreuten Samen gut.

T und M: Gg. Vogler (Catechismus) Würzburg 1625 (GL 909)

126 BEGRÜSSUNG

V   Im Namen des Vaters und des Sohnes und des Heiligen Geistes.

A   Amen.

V   Gnade und Friede von Gott, unserem Vater, und unserem Herrn Jesus Christus, der verherrlicht ist in seinen Heiligen, sei mit euch.

A   Und mit deinem Geiste.

ERÖFFNUNGSVERS   **127**
Die Rettung der Gerechten kommt vom Herrn, er ist ihre
Zuflucht in ihrer Not.   Ps 36,39

EINFÜHRUNG   **128**
V   Liebe Wallfahrer,
wir haben das Ziel unserer Wallfahrt erreicht. Wir haben
uns gleich den Frankenaposteln auf den Weg gemacht, um
uns mit ihnen nach dem Beispiel Jesu als seine Jünger
zu erweisen. In der Feier der Eucharistie gehen wir mit unseren Diözesanpatronen ein in Christi Kreuz und Tod und
in seine Herrlichkeit.

– oder mit anderen, eigenen Worten –

BUSSAKT I   **129**
V   Jede Begegnung mit dem Herrn fordert uns heraus:
Wie treten wir ihm gegenüber?
Das Gedächtnis der Frankenapostel weckt die Fragen: Wie
steht es um unseren Glauben? Um unsere Nachfolgebereitschaft? Um unser Miteinander als Glaubensgemeinschaft?
Diese und unsere inneren Fragen lassen uns nachdenken
und angesichts unserer Schwachheit Gott um Vergebung
bitten.

– Stille –

A   Ich bekenne ...
V   Der allmächtige Gott erbarme sich unser. Er lasse uns
die Sünden nach und führe uns zum ewigen Leben.
A   Amen.

oder

BUSSAKT II   **130**
V   In der Nachfolge der Frankenapostel stehen wir vor

Gott. Ihre Saat hat uns den Glauben gebracht. Ihre Frömmigkeit und Gottesliebe sind uns ein Vorbild.

Wie wir in unserem Lebensvollzug ihrem Glaubenszeugnis
folgen wollen, so stimmen wir mit unserer Bitte um die
vergebende Liebe Gottes ein in das Gebet, das aus der Zeit
des altirischen Mönchtums auf uns überkommen ist:

V   Herr, ich bereue zutiefst meine Sünde.

Christus, vergib mir in deiner Güte jede Schuld, die auf
mir lastet.

Durch deine gnädige Menschwerdung, durch deine Geburt, gebenedeiter König,

A   durch deine Taufe in dieser Welt

verzeih mir jeden Fehltritt.

V   Durch deine Kreuzigung, durch deine Auferstehung
von den Toten

A   schenk mir Begnadigung meiner Leidenschaften wegen,

denn du bist in Wahrheit ein huldvoller Herr.

V   Durch deine Auffahrt zum Vater ins himmlische
Reich

A   vergib mir meine Verfehlungen,

wie du es vor deinem Abschied verheißen hast.

V   Durch deine Wiederkunft zum Gericht über alle
Adamskinder,

durch die neun himmlischen Ordnungen der Engel,

A   laß meine Sünden vergeben sein.

V   Durch die Gemeinschaft der wahren Propheten,

durch die lobwürdige Schar der Märtyrer,

durch die Versammlung der ehrwürdigen Väter

A   vergib mir jede Sünde, die mich beherrscht.

V   Durch die Gemeinschaft der sündelosen Apostel,

durch das Heer der reinen Jünger,

durch jeden mit königlicher Gnade beschenkten Heiligen

A   vergib mir meine Untaten.
V   Durch jede heilige Jungfrau auf der weiten Erde,
durch die Gemeinschaft der ausgezeichneten Frauen im
weltlichen Leben,
durch die wunderbare Magd Maria
A   vergib mir jede Sünde unter dem Himmel.
V   Durch alle, die auf Erden wohnen,
durch alle, die im gesegneten, strahlenden Himmel sind,
A   gewähre mir die vollste Vergebung meiner Sünden,
denn ich bereue.

KYRIERUFE   131

V   Der uns mit Sankt Ki - li - an nimmt als sei - ne

Jün - ger an: A Chri-stus, Herr, er - bar - me dich.

V   Der uns zu sich ge - führt, dem un - ser

Lob ge - bührt: A Chri - stus, er - bar - me dich.

V Dem wir un - ser Le - ben weih'n, lädt uns hier zum

Mah-le ein: A   Chri-stus, Herr, er - bar - me dich.

T: Jürgen Lenssen   M: »Der in seinem Wort uns hält«   (GL 485)

132 GLORIALIED

Gott in der Höh sei Preis und Ehr,
All-mächt-ger Va - ter, höch - ster Herr,

den Menschen Fried _ auf Er - den.
du sollst ver - herr - licht wer - den.

Herr Je - sus

Chri - stus, Got - tes Sohn, wir rüh-men dei -

nen Na - men; du wohnst mit Gott dem Heil-gen

Geist im Licht des Va - - ters. A - men.

T: EGB 1970 nach dem Gloria   M: Augsburg 1659   (GL 464)

133 TAGESGEBET

Allmächtiger und barmherziger Gott,
durch die Missionsarbeit des heiligen Kilian und
seiner Gefährten hast du im fränkischen Land
den christlichen Glauben grundgelegt.
Auf die Fürsorge dieser Glaubensboten
festige uns alle in der Treue
zu unserem Herrn Jesus Christus,
der in der Einheit des Heiligen Geistes
mit dir lebt und herrscht in Ewigkeit.

ERSTE LESUNG   **134**

Gott hat die Gerechten angenommen
als ein vollgültiges Opfer

Lesung aus dem Buch der Weisheit
Die Seelen der Gerechten sind in Gottes Hand, und keine
Qual kann sie berühren. In den Augen des Toren sind sie
gestorben, ihr Heimgang gilt als Unglück, ihr Scheiden
von uns als Vernichtung; sie aber sind in Frieden. In den
Augen der Menschen wurden sie gestraft; doch ihre Hoffnung ist voll Unsterblichkeit. Ein wenig nur werden sie ge-
züchtigt; doch sie empfangen große Wohltat. Denn Gott
hat sie geprüft und fand sie seiner würdig. Wie Gold im
Schmelzofen hat er sie erprobt und sie angenommen als
ein vollgültiges Opfer. Beim Endgericht werden sie aufleuchten wie Funken, die durch ein Stoppelfeld sprühen.
Sie werden Völker richten und über Nationen herrschen,
und der Herr wird ihr König sein in Ewigkeit. Alle, die auf
ihn vertrauen, werden die Wahrheit erkennen, und die
Treuen werden bei ihm bleiben in Liebe. Denn Gnade und
Erbarmen werden seinen Erwählten zuteil.   Weish 3, 1–9

ANTWORTPSALM   **135**

V/A   Ihr Gerechten, jubelt   alle   vor dem Herren.

Va. Q38

V   Das Auge des Herrn ruht auf allen, die ihn
     fürchten und ehren,*
     die nach seiner Güte ausschaun;

denn er will sie dem Tod entreißen *
und in der Hungersnot ihr Leben erhalten. —

A *Kehrvers*   Ps 33 (32), 18–19 (R: 1 a)

oder

136 LIED ALS ZWISCHENGESANG

1. In Ju - bel, Herr, wir dich er - he - ben
   die sich mit ih - rem gan - zen Le - ben

ob dei - ner Zeu - gen Herr - lich - keit,
dir treu bis in den Tod ge - weiht.

Du warst ihr Glau - be, Je - su Christ,

du warst ihr Glau - be und ihr

höch - stes Gut. Um dei - net -

wil - len ga - ben sie ihr Blut.

2. Ihr Leben haben sie verloren, / zur Erde fiel es samen-
gleich; / aus ihrem Blute sind geboren / die neuen Zeugen
für dein Reich. / Wie lautres Gold sind sie geprüft, / wie
lautres Gold nahm sie der Herr zu sich / als ein vollkom-
men Opfer ewiglich.

3. O selig, die den Kampf vollendet, / die widerstanden bis zum Tod. / Ihr Trauern hat der Herr gewendet, / des Lebens Kron er ihnen bot. / Mit ihrem Herrn, den sie geliebt, / mit ihrem Herrn, dem sie gefolgt im Leid, / stehn sie als Sieger in der Herrlichkeit.

T: Maria Luise Thurmair 1940   M: Erhard Quack 1970   (GL 611)

ZWEITE LESUNG   137
Gottes Gabe als Aufgabe

Lesung aus dem Hebräerbrief

Brüder! Wir wollen dankbar sein, weil wir ein unerschütterliches Reich empfangen, und wollen Gott so dienen, wie es ihm gefällt, in ehrfürchtiger Scheu; denn unser Gott ist verzehrendes Feuer. Die Bruderliebe soll bleiben. Vergeßt die Gastfreundschaft nicht; denn durch sie haben einige, ohne es zu ahnen, Engel beherbergt. Denkt an die Gefangenen, als wäret ihr mitgefangen; denkt an die Mißhandelten, denn auch ihr lebt noch in eurem irdischen Leib. Die Ehe soll von allen in Ehren gehalten werden, und das Ehebett bleibe unbefleckt; denn Unzüchtige und Ehebrecher wird Gott richten. Euer Leben sei frei von Habgier; seid zufrieden mit dem, was ihr habt; denn Gott hat versprochen: Ich lasse dich nicht fallen und verlasse dich nicht. Darum dürfen wir zuverlässig sagen: Der Herr ist mein Helfer, ich fürchte mich nicht. Was können Menschen mir antun? Denkt an eure Vorsteher, die euch das Wort Gottes verkündet haben; schaut auf das Ende ihres Lebens und ahmt ihren Glauben nach! Jesus Christus ist derselbe gestern, heute und in Ewigkeit. Laßt euch nicht durch mancherlei fremde Lehren irreführen; denn es ist gut, das Herz durch Gnade zu stärken. Hebr 12,28–29; 13,1–9a

138 RUF VOR DEM EVANGELIUM

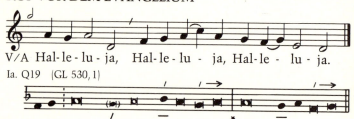

V/A Hal-le-lu - ja, Hal-le-lu - ja, Hal-le - lu - ja.

Ia. Q19 (GL 530, 1)

V   Dich, Gott, loben wir, dich, Herr, preisen wir, *
dich preist der Märtyrer leuchtendes Heer.

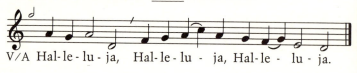

V/A Hal-le-lu - ja, Hal-le-lu - ja, Hal-le - lu - ja.

139 EVANGELIUM

*Freut euch und jubelt: Euer Lohn im Himmel wird groß
sein*

† Aus dem heiligen Evangelium nach Matthäus
In jener Zeit, als Jesus die vielen Menschen sah, die ihm
folgten, stieg er auf einen Berg. Er setzte sich, und seine
Jünger traten zu ihm. Dann begann er zu reden und lehrte
sie. Er sagte: Selig, die arm sind vor Gott; denn ihnen gehört das Himmelreich. Selig die Trauernden; denn sie werden getröstet werden. Selig, die keine Gewalt anwenden;
denn sie werden das Land erben. Selig, die hungern und
dürsten nach der Gerechtigkeit; denn sie werden satt werden. Selig die Barmherzigen; denn sie werden Erbarmen
finden. Selig, die ein reines Herz haben; denn sie werden
Gott schauen. Selig, die Frieden stiften; denn sie werden
Söhne Gottes genannt werden. Selig, die um der Gerechtigkeit willen verfolgt werden; denn ihnen gehört das Him-

melreich. Selig seid ihr, wenn ihr um meinetwillen be-
schimpft und verfolgt und auf alle mögliche Weise ver-
leumdet werdet. Freut euch und jubelt: Euer Lohn im
Himmel wird groß sein.   Mt 5, 1–12 a

FÜRBITTEN   **140**

Herr Jesus Christus, du hast die Frankenapostel berufen
und in deinen Dienst gestellt. Sie haben dich in Wort und
Tat, im Leiden und Sterben bezeugt und so den christli-
chen Glauben vermittelt. In diesem Glauben bitten wir
dich:
– Berufe immer neu Menschen in den Dienst der Kirche
und unseres Bistums Würzburg, damit die Glaubenssaat
der Frankenapostel reiche Frucht trage:
– Vermehre in allen Ländern und Weltanschauungen die
Ehrfurcht vor dem Bund der Ehe, damit die Einheit der
Ehe gegen alle Trennung geschützt sei:
– Öffne den Menschen, die unter der Sinn- und Ziellosig-
keit ihres Lebens leiden, den Blick und die Herzen für dein
Heil:
– Bestärke uns in der Verehrung der heiligen Diözesanpatrone Kilian, Kolonat und Totnan, damit wir durch ihre
Fürsprache immer mehr zu einer gläubigen Gemeinschaft
im Bistum und in der Pfarrgemeinde zusammenwachsen:
– Höre auf unsere Gebete, auf unseren Lobpreis und unsere Bitten, die wir dir auf unserer Wallfahrt vorgetragen
haben, und sei uns auf allen unseren Lebenswegen auch
weiterhin nahe:
Herr Jesus Christus, du weißt um alles, dessen wir bedürfen. Du nimmst uns auf die Fürsprache der Heiligen Kilian, Kolonat und Totnan mit hinein in deinen Tod und
deine Auferstehung, damit wir mit unseren Schutzpatro-

nen das ewige Leben als Lohn für unseren Lebenskampf erlangen. Dir sei mit ihnen Lob und Dank gesagt, der du
lebst und herrschest mit Gott, dem Vater, und dem Heiligen Geist in Ewigkeit. Amen.

141 LIED ZUR GABENBEREITUNG

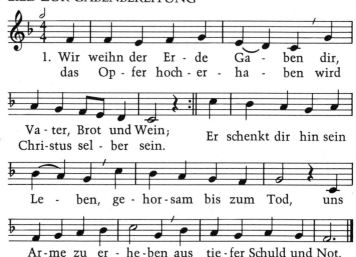

1. Wir weihn der Er - de Ga - ben dir,
   das Op - fer hoch - er - ha - ben wird

Va - ter, Brot und Wein;
Chri-stus sel - ber sein.

Er schenkt dir hin sein

Le - ben, ge - hor-sam bis zum Tod, uns

Ar-me zu er - he-ben aus tie-fer Schuld und Not.

2. Sieh gnädig auf uns nieder, / die wir in Demut nahn; /
nimm uns als Christi Brüder / mit ihm zum Opfer an. /
Laß rein uns vor dir stehen, / von seinem Blut geweiht, /
durch Kreuz und Tod eingehen / in deine Herrlichkeit.

T: Petronia Steiner 1945   M: vor 1526 / Michael Töpler 1832   (GL 480)

142 GABENGEBET

Herr, unser Gott,
nimm die Gaben an,
die wir im Gedenken der heiligen Märtyrer
dir darbringen.

Höre auf ihre Fürsprache
und schütze den Glauben deines Volkes
durch das Opfer Christi vor aller Bedrohung.
Darum bitten wir durch ihn,
Christus, unseren Herrn.

PRÄFATION   143

In Wahrheit ist es würdig und recht, dir, allmächtiger Vater, zu danken und in den Heiligen deine Größe zu rüh-
men. Im Martyrium des heiligen Kilian und seiner Gefährten Kolonat und Totnan offenbarst du das Wunder deiner
Gnade, denn in der menschlichen Schwachheit bringst du
deine göttliche Kraft zur Vollendung. Sie sind Christus
nachgefolgt auf dem Weg des Leidens und haben ihr Blut
vergossen als Zeugen des Glaubens. Darum preisen wir
dich in deiner Kirche und vereinen uns mit den Engeln
und Heiligen zum Hochgesang von deiner göttlichen Herrlichkeit:

SANCTUSLIED   144

Hei - lig, hei - lig, hei - lig ist Gott, der
Herr der Mäch - te. Er - füllt sind Him - mel und
Er - de von sei - ner Herr - lich - keit.
Ho - san - na in der Hö - he.

Ge - be - ne - deit sei, der da kommt im Na - men des Herrn. Ho - san - na, ho - san - na in der Hö - he.

M: Erhard Quack 1947 (GL 481)

145 AGNUS-DEI-LIED

V Chri - ste, du Lamm Got - tes, A der du trägst die Sünd der Welt, er - barm dich un - ser. V Chri - ste, du Lamm Got - tes, A der du trägst die Sünd der Welt, gib uns dei - nen Frie - den. A - men.

M: Braunschweig 1528 (GL 482)

KOMMUNIONVERS   **146**

Was ich euch im Dunkeln sage,
davon redet am hellen Tag,
und was man euch ins Ohr flüstert,
das verkündet von den Dächern.

Mt 10,27

KOMMUNIONGESANG   **147**

V 1. Das Wei - zen - korn muß ster - ben, sonst
bleibt es ja al - lein; der ei - ne
lebt vom an - dern, für sich kann
kei - ner sein. A 1.- 4. Ge - heim - nis des
Glau - bens: im Tod ist das Le - ben.

2. So gab der Herr sein Leben, / verschenkte sich wie Brot.
/ Wer dieses Brot genommen, / verkündet seinen Tod.
3. Wer dies Geheimnis feiert, / soll selber sein wie Brot; /
so läßt er sich verzehren / von aller Menschennot.
4. Als Brot für viele Menschen / hat uns der Herr erwählt; /
wir leben füreinander, / und nur die Liebe zählt.

T: Lothar Zenetti 1971   M: Johann Lauermann 1972   (GL 620)

Zur Danksagung

I.–III. zur Auswahl

148 I. LIED

V/A 1. Wer le - ben will wie Gott auf die - ser Er - de,

V muß ster - ben wie ein Wei - zen - korn,

V/A muß ster - ben, um zu le - - ben.

2. |: Er geht den Weg, den alle Dinge gehen; :|
er trägt das Los, er geht den Weg.
|: er geht ihn bis zum Ende. :|

3. |: Der Sonne und dem Regen preisgegeben, :|
das kleinste Korn in Sturm und Wind
|: muß sterben, um zu leben. :|

4. |: Die Menschen müssen füreinander sterben. :|
Das kleinste Korn, es wird zum Brot,
|: und einer nährt den andern. :|

5. |: Den gleichen Weg ist unser Gott gegangen, :|
und so ist er für dich und mich
|: das Leben selbst geworden. :|

T: Huub Oosterhuis 1965 »Wie als een god wil leven«, Übertragung
Johannes Bergsma 1969   M: bei Ch. E. H. Coussemaker 1856   (GL 183)

II. ALTIRISCHER HYMNUS   **149**

Herr, Gott, Jesus,
Weg, Leben und Wahrheit,
gib uns, wir bitten dich,
Anteil am ewigen Leben.

Du, der vom Himmel kommt,
schenkst Leben der ganzen Welt,
bist Brot des Lebens, wir wissen es,
das die Herzen der Menschen stärkt.

Durch dieses heilige Geheimnis
hast du vom Tod uns erlöst,
daß wir nüchtern und stark
in dir leben, Herr.

III. ALTIRISCHES GEBET   **150**

Der Spender des Heils,
Christus, Gottes Sohn,
hat die Welt erlöst
durch sein Kreuz und sein Blut.
Der für alle hingeopferte Herr
ist selber Priester und Opfergabe.

Wir bitten dich, Gott,
der du der allerwahrste Friede bist,
erhalte uns eine ruhige Seele
und einen friedlichen Geist.
Denn wo Frieden ist,
da bist du selbst zugegen.

SCHLUSSGEBET   **151**

Gütiger Gott,
im Gedenken deiner heiligen Märtyrer

Kilian, Kolonat und Totnan
haben wir das Brot des Lebens empfangen.
Festige uns durch die Kraft dieser Speise
im Glauben, stärke uns in der Hoffnung
und mache uns eifrig in Werken der Liebe.
Darum bitten wir dich durch Christus,
unseren Herrn.

152 GESANG ZUM SEGEN

1. Nun seg-ne, Herr, uns all - zu - mal
   und leit uns durch dies Er - den - tal

mit dei - ner Va - ter - hand,
zum ew-gen Hei - mat - land.

Führ uns zum

Berg der Herr-lich - keit, zu dei - ner

Heil-gen Zahl, wo e-wig, e - wig ist be-

reit des Lam - mes Hoch-zeits - mahl.

T und M: Kölner Gesangbuch 1880   (GL 824)

SEGEN   153

V   Der Herr sei mit euch.

A   Und mit deinem Geiste.

V   Der gütige Gott, der die Frankenapostel zur Vollendung geführt hat, segne euch und bewahre euch vor allem Unheil.

A   Amen.

V   Die heiligen Frankenapostel haben mit Freimut das Evangelium Christi verkündet;
Gott stärke euch durch ihre Botschaft
zum Zeugnis für die Wahrheit.

A   Amen.

V   Das Vorbild der Heiligen Kilian, Kolonat und Totnan lehre euch, und ihre Fürsprache helfe euch, Gott und den Menschen zu dienen.

A   Amen.

V   Das gewähre euch der dreieinige Gott,
† der Vater und der Sohn und der Heilige Geist.

A   Amen.

V   Gehet hin in Frieden.

A   Dank sei Gott, dem Herrn.

MARIENLOB   154

1. O himm-li-sche Frau Kö-ni-gin, du

al-ler Wel-ten Herr-sche-rin! Du Her-zo-

gin von Fran-ken bist, das Her-zog-tum dein

ei - gen ist. Dar-um, o Mut - ter, dei - ne

Hand halt ü - ber uns im Fran - ken - land.

2. Hell strahlt dein Bild in gold'nem Schein vom Turm auf Würzburgs Volk herein, / das stets dich hoch in Ehren hielt und dich verehrt als Mutter mild. / Von oben grüßt die Mutterhand dein gläubig Volk im Frankenland.

T: Fr. v. Spee 1628, umgedichtet von H. Weigl, Würzburg 1927
M: Würzburg, Pörtnersches Melodienbuch (GL 897)

Wortgottesdienst bei der Rückkehr der Wallfahrer in die Heimatgemeinde

LIED　　　　　　　　　　　　　　　　　　　　　　　155

1. Beim frü - hen Mor - gen - licht, er -
wacht mein Herz und spricht: Ge - lobt sei Je - sus
Chri-stus! Und bei des Ta-ges Schluß ist dies mein
A-bend-gruß: Ge - lobt sei Je - sus Chri-stus!

2. In Gottes heil'gem Haus sprech' ich vor allem aus: Gelobt sei Jesus Christus! / Und wo ich sonst auch sei, sag'
ich in Lieb' und Treu': Gelobt sei Jesus Christus!
3. Bei jeglichem Beginn sprech' ich mit Herz und Sinn: Gelobt sei Jesus Christus! / Und ist das Werk vollend't, so
bete ich zum End': Gelobt sei Jesus Christus!

T: Z. P. Silbert　M: Pörtner, Würzburg 1830　(GL 882)

ERÖFFNUNG　　　　　　　　　　　　　　　　156
V　Im Namen des Vaters und des Sohnes und des Heiligen Geistes.　　　　　　　　　　　　　　A　Amen.

V   Gepriesen sei der allmächtige und barmherzige Gott.

A   Er hat uns auf unserem Weg in seiner Gnade und Hilfe begleitet.

V   Er ist verherrlicht in seinen Heiligen.

A   Seine Größe und Güte haben wir in den Frankenaposteln geschaut.

V   Die Glaubensgemeinschaft auf dieser Wallfahrt hat uns näher zu Christus gebracht.

A   Ebenso führt uns die Gemeinschaft mit den Heiligen zu Christus.

V   Von ihm empfangen wir als das pilgernde Gottesvolk Gnade und Leben.

A   Er ist die Krone aller Heiligen.

V   Die Verehrung der Frankenapostel zielt auf Christus.

A   In den Heiligen erweist er sich als Erlöser und Retter.

V   Ihm sei Ehre in Ewigkeit.

A   Amen.

157 EINLEITUNG

V   Auf unserer Wallfahrt haben wir Gott verherrlicht, die Fürsprache unserer Diözesanpatrone Kilian, Kolonat und Totnan angerufen und uns nach ihrem Vorbild neu auf unsere Berufung und Jüngerschaft besonnen und ausgerichtet. Wir haben auf unsere Vollendung geschaut, die der Herr uns bereiten will. Ermutigt und angespornt durch die Wallfahrt stellen wir uns unter die Mahnung der Kirche, wie sie die dogmatische Konstitution über die Kirche des Zweiten Vatikanischen Konzils ausspricht:

»Die Nachahmung und Bezeugung der Liebe und Demut Christi müssen die Jünger immer leisten ... Alle Christgläubigen sind also zum Streben nach Heiligkeit und ihrem Stand entsprechender Vollkommenheit eingeladen und gehalten. Alle sollen deshalb ihre Regungen richtig

leiten, um nicht durch den Umgang mit weltlichen Din-
gen und die Anhänglichkeit an die Reichtümer wider den
Geist der evangelischen Armut vom Streben nach vollkommener Liebe abgehalten zu werden. Mahnt doch der
Apostel: Die mit dieser Welt umgehen, sollen an ihr nicht
festhalten; denn die Gestalt dieser Welt vergeht« (vgl. 1
Kor 7,31 griech.).   (LG 42)

LIED   **158**

1. Se - lig sind, die arm im Gei - ste,
die vor Gott in De - mut stehn, denn er
läßt sie voll Er - bar-men ein ins Reich der
Him-mel gehn. Chri-sti Jün-ger freu - et euch!
Eu - er ist das Him - mel - reich.

3. Selig sind, die sich ergeben / demutsvoll in Gottes
Hand, / die nur seinem Willen leben, / erben das ver-

heiß'ne Land. / Christi Jünger, freuet euch! / Euer ist das Himmelreich.

6. Selig, die an Herz und Händen / rein durch dieses Leben gehn, / die es heilig auch vollenden, / werden Gottes Antlitz sehn. / Christi Jünger, freuet euch! / Euer ist das Himmelreich.

T: Pörtnersches Gesangbuch, Würzburg 1828 (Neufassung)   M: Pörtnersches Gesangbuch, Würzburg 1828   (GL 910)

159 ANRUFUNGEN

V   Wir rufen die heiligen Frankenapostel Kilian, Kolonat und Totnan an.

A   Wir danken euch für das Vorbild der Jüngerschaft.

V   Wir bitten euch um eure Fürsprache

A   für uns, für unsere Pfarrgemeinde, für unser Bistum und für die ganze Kirche und auch für das pilgernde Gottesvolk.

V   Im Werk tätiger Liebe

A   steht uns bei.

V   In der gemeinsamen Nachfolge Christi

A   steht uns bei.

V   In geübter Barmherzigkeit

A   steht uns bei.

V   Im Dienst der Verkündigung

A   steht uns bei.

V   Im öffentlichen Bekenntnis Christi

A   steht uns bei.

V   Im unermüdlichen Einsatz für die Kirche

A   steht uns bei.

V   Im Gebet unseres Lebens

A   steht uns bei.

V   In der Wachsamkeit für die Zeichen der Zeit

A   steht uns bei.

V   In der Nachfolge des Kreuzes
A   steht uns bei.
V   In der Hoffnung auf die himmlische Herrlichkeit
A   steht uns bei.
V   Im Befolgen eures Vorbildes
A   steht uns bei.
V   Im dankbaren Gedenken eures Glaubenswerkes
A   steht uns bei.
V   In der gemeinsamen Erneuerung unseres Glaubens
A   steht uns bei.
V   In unserem Leben
A   steht uns bei.
V   In unserem Sterben
A   steht uns bei.
V   Vor dem Richterstuhl Christi
A   steht uns bei.
V   Damit wir mit euch den Himmel erben
A   steht uns bei.
V   Heiliger Kilian, heiliger Kolonat, heiliger Totnan,
A   wir rufen euch an und bitten euch als unsere Patrone
und Fürsprecher: Steht uns bei, damit wir uns der Jünger-
schaft Christi gleich euch würdig erweisen. Amen.

AUSSETZUNGSLIED   **160**

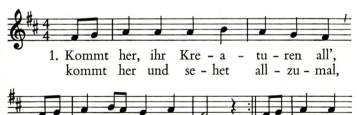

1. Kommt her, ihr Kre - a - tu - ren all',
   kommt her und se - het all - zu - mal,

komm, was er - schaf - fen ist;
was da zu - ge - gen ist.

Das ist das

heil' - ge Sa - kra - ment, das sollt ihr lo - ben

oh - ne End'.

O daß es lob' mein Mund
jetzt und zu je - der Stund'!

3. Ihr Patriarchen allgemein und ihr Propheten all', / auch ihr Jungfrauen, keusch und rein, mit der Apostel Zahl, / Bekenner all' und Märtyrer und du gesamtes Himmelsheer, / lobsinget ohne End' dem heil'gen Sakrament!

T und M: Georg Seidenbusch 1687   (GL 872)

161 WECHSELGEBET

V   Herr Jesus Christus,
wir kehren zurück von unserer Wallfahrt.
A   Du hast uns beschützt und begleitet.
V   Dein Geist hat in uns gebetet und uns die Augen und Herzen für dich und deine Jünger, die heiligen Frankenapostel, geöffnet.
A   Deine Heiligen, unsere Bistumspatrone Kilian, Kolonat und Totnan, haben für uns Fürsprache bei dir eingelegt.
V   Wir danken dir, Herr.
A   Du bist der Weg, die Wahrheit und das Leben.
V   Bewahre uns für unser Leben und deine Kirche die Früchte dieser Wallfahrt.
A   Damit wir das Erbe unserer Frankenapostel treu verwalten.

EUCHARISTISCHER SEGEN   162

1. Tan-tum er - go sa - cra - mén-tum ve - ne -
ré - mur cér - nu - i, et an - tí-quum
do - cu - mén-tum no - vo ce - dat rí - tu - i;
prae-stet fi - des sup - ple - mén-tum sén - su -
um de - féc - tu - i. A - - - - men.

2. Strophe

2. Genitóri Genitóque / laus et jubilátio, / salus, honor,
virtus quoque / sit et benedíctio. / Procedénti ab utróque
/ compar sit laudátio. / Amen.

T: Thomas von Aquino 1263/64   M: Luxemburg 1768   (GL 541)

V   Panem de caelo praestitísti eis.
A   Omne delectaméntum in se habéntem.
V   Orémus. – Deus, qui nobis sub sacraménto mirábili
passiónis tuae memóriam reliquísti: tríbue, quáesumus, ita
nos córporis et sánguinis tui sacra mystéria venerári, ut re-
demptiónis tuae fructum in nobis júgiter sentiámus. Qui
vivis et regnas in sáecula saeculórum.   A   Amen.

163 MARIENLOB

1. Ma - ri - a, dich lie - ben ist
dir wur - de die Fül - le der

all - zeit mein Sinn; du Jung-frau, auf
Gna - den ver - liehn:

dich hat der Geist sich ge - senkt; du

Mut-ter hast uns den Er - lö - ser ge - schenkt.

5. Du Mutter der Gnaden, o reich uns die Hand / auf all unsern Wegen durchs irdische Land. / Hilf uns, deinen Kindern, in Not und Gefahr; / mach allen, die suchen, den Sohn offenbar.

6. Von Gott über Engel und Menschen gestellt, / erfleh uns das Heil und den Frieden der Welt. / Du Freude der Erde, du himmlische Zier: / du bist voll der Gnade, der Herr ist mit dir.

T: Friedrich Dörr 1972   M: Paderborn 1765   (GL 594)

Kurzandachten

Diese Kurzandachten bieten mit den Impulstexten vor allem aus der Passio minor und der Passio maior Sancti Kiliani, den Lebensbeschreibungen des heiligen Kilian, den Impulsfragen, Fürbitten und inhaltlich zugeordneten Liedern unter einem jeweiligen Aspekt des Glaubenszeugnisses der Frankenapostel entweder eine eigenständige Andacht, z. B. auf einer Wallfahrt, oder eine Textauswahl, die anderen Andachten beigefügt oder zum Austausch von Texten dienen kann. Zugleich können die Kurzandachten als Einleitung, Besinnung vor Schuldbekenntnis und Fürbitten in Eucharistiefeiern Verwendung finden. Die Themen erleichtern es, das Zeugnis der Frankenapostel als unser Vorbild zu aktualisieren.

Tätige Liebe

IMPULSTEXT   **164**

V   Die Hingabe an Gott vollendet sich in der Liebe. Alle Ziele, die nicht eine tätige Gottes- und Nächstenliebe anstreben, sind aufzugeben. Um diese Forderung in der Nachfolge Christi wußte auch der heilige Kilian. Die Passio maior bezeugt:

»Er wußte, daß ein Fortschritt in der Liebe (Gottes) nicht vollständig ohne Liebe zum Nächsten sein könne und nahm es deshalb auf sich, in seinen eigenen Angelegenheiten zurückzutreten, um dem Heile der Brüder zu dienen. Es war die Nachahmung des Apostels: ›Verbannt zu sein von Christus für die Brüder und Stammesgenossen dem Fleische nach‹ (Röm 9, 3).«

165 IMPULSFRAGEN

Entspricht unser Gebetsleben unserem Lebensvollzug?
Bemühen wir uns um das rechte Verhältnis von Gottes- und Nächstenliebe?
Erkennen wir in der liebevollen Zuwendung zum Nächsten die Vervollkommnung unserer Gottesbeziehung?
Können wir zugunsten unserer anvertrauten Mitmenschen von uns selbst, von unseren Plänen und Absichten absehen?
Welchen Stellenwert hat das Ich in unserem Lebensaufbau?
Verstehen wir unser Leben und unseren Glaubensvollzug als Dienst an den Brüdern und Schwestern?

166 FÜRBITTEN

V   Herr Jesus Christus, im Gebet zum Vater hast du Kraft geschöpft für die Zuwendung zu den Menschen, die deiner Liebe und Hilfe bedurften.
Wir bitten dich:
A   Laß unser Leben vom Geist der Hingabe in Gebet und tätiger Liebe durchdrungen sein.
V   Öffne unsere Augen und Herzen, damit wir dich in unseren Schwestern und Brüdern erkennen.
A   Bestärke uns in dem Dienst zum Heil der Menschen.
V   Schenk uns die Kraft zugunsten der Menschen, die du in unsere Verantwortung stellst, von unseren eigenen Absichten und Befriedigungen absehen zu können.
A   Bewahre uns vor Selbstsucht und Eigennutz.
V   Sporne uns an, alle Möglichkeiten tätiger Liebe zu ergreifen und auszuschöpfen.
A   Laß uns in rechter Gottes- und Nächstenliebe nach dem Beispiel der Frankenapostel dir und den Menschen Diener der Freude und Zeugen deiner Liebe sein.

V   Das gewähre uns auf die Fürsprache des heiligen Ki-
lian,
A   damit wir uns deiner Jüngerschaft würdig erweisen.
Amen.

LIED   **167**

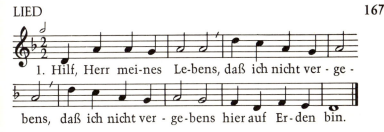

1. Hilf, Herr mei-nes Le-bens, daß ich nicht ver - ge -

bens, daß ich nicht ver - ge-bens hier auf Er-den bin.

2. Hilf, Herr meiner Tage, / daß ich nicht zur Plage, / daß
ich nicht zur Plage meinem Nächsten bin.
3. Hilf, Herr meiner Stunden, / daß ich nicht gebunden, /
daß ich nicht gebunden an mich selber bin.
4. Hilf, Herr meiner Seele, / daß ich dort nicht fehle, /
daß ich dort nicht fehle, wo ich nötig bin.
5. Hilf, Herr meines Lebens, / daß ich nicht vergebens, /
daß ich nicht vergebens hier auf Erden bin.

T: Gustav Lohmann 1962; Str. 3: Markus Jenny 1970
M: Hans Puls 1962   (GL 622)

Nachfolge in Gemeinschaft

IMPULSTEXT   **168**
V   Um der Zuneigung des irischen Volkes und der Versu-
chung der Eitelkeit zu entgehen – so heißt es in der Passio
maior Sancti Kiliani –, begann Kilian »zu überlegen, wie er
Bekannte und Verwandte verlassen und in weit entfernte
Lande ziehen könne, wo sein Name unbekannt wäre und

er als nur einfachem Geschlecht entsprossen gelten könne, um so ungehinderter Gott dienen zu können. Als sein Entschluß, fortzuziehen, gereift war, versammelte er Gefährten um sich, in deren Herz die gleiche Liebesglut flammte«.

169 IMPULSFRAGEN

Lassen wir uns von der Eitelkeit versuchen und unseren Blick trüben?

Sind wir vor der Gefahr gefeit, unsere Gläubigkeit zur Schau zu stellen?

Wie reagieren wir auf Lob und Schmeichelei?

Sind wir bereit, um Christi und unseres Glaubens willen auf familiäre und freundschaftliche Beziehungen zu verzichten?

Können wir ausgetretene oder vorgezeichnete Lebenswege verlassen, um unser Leben in der Kraft des Glaubens zu erneuern?

Sind wir bereit zu Umkehr und Glaubenserneuerung?

Sehen wir uns auf unserem Glaubensweg in der Gemeinschaft der Mitglaubenden?

Pflegen wir Beziehungen zu den Mitglaubenden unserer Gemeinde und in unseren anderen Lebensfeldern?

Sind wir um unsere Pfarrgemeinde und um die Gemeinschaft aller Gläubigen, um die Kirche bemüht?

Suchen wir den Kontakt und den lebendigen Austausch mit den Mitglaubenden?

Erkennen wir, daß wir im Glauben aufeinander angewiesen sind?

Zielen wir in unserem Glaubensvollzug auf das Heil aller Menschen ab?

FÜRBITTEN   170

V   Herr Jesus Christus, du hast allen, die um deinetwillen alles verlassen, was an der Nachfolge hindern kann, deinen Lohn verheißen. Wir bitten dich:

A   Bewahre uns vor Eitelkeit und Selbstgefälligkeit.

V   Schenke uns die Freiheit, allein deinem Auftrag zu leben.

A   Bestärke uns darin, alles aufgeben zu können, was uns daran hindert und was uns gefangenhält, dir zu dienen.

V   Lenke unsere Schritte und Herzen auf alle Menschen zu, die dir in gleicher Weise nachfolgen wollen.

A   Führe uns mit allen Mitglaubenden zu einer entschlossenen und wirkmächtigen Glaubensgemeinschaft.

V   Laß uns im Miteinander des Glaubens an deinem Reich bauen.

A   Erneuere unsere Gemeinden zu lebendigen Glaubensgemeinschaften.

V   Wecke in uns die Verantwortung füreinander.

A   Laß uns in unserem Glaubensvollzug bemüht sein, die Mitglaubenden zu versammeln, damit unsere Einheit Abbild deiner Liebe sei.

V   Überwinde alle Barrieren, die uns am Miteinander des Glaubens und an der Entwicklung neuer Möglichkeiten lebendiger Glaubenszellen hindern.

A   Schenke uns den Geist der Umkehr und Erneuerung, den Geist der Eintracht und des Apostolats.

V   Das gewähre uns auf die Fürsprache des heiligen Kilian und seiner Gefährten,

A   damit wir uns deiner Jüngerschaft würdig erweisen. Amen.

171 LIED

1. Nun sin-ge Lob, du Chri-sten-heit, dem Va-ter, Sohn und Geist, der al-ler-ort und al-le-zeit sich gü-tig uns er-weist,

3. Er lasse uns wie Brüder sein, / der Eintracht uns erfreun, / als seiner Liebe Widerschein / die Christenheit erneun.

5. Herr, mache uns im Glauben treu / und in der Wahrheit frei, / daß unsre Liebe immer neu / der Einheit Zeugnis sei.

T: Georg Thurmair 1964
M: »Nun danket all und bringet Ehr« Nr. 267   (GL 638)

Barmherzigkeit

172 IMPULSTEXT

V   Die Passio minor Sancti Kiliani hält fest, was den heiligen Kilian bei seinem Eintreffen im Frankenland und in Würzburg bewegte: »Als der hochheilige Mann den Ort ... und die ... Menge von Menschen ... sah, die aber vom alten Feind besessen war, überfiel ihn großes Mitleid mit ihrer Blindheit, und er ging mit den Seinen zu Rate: ›Brüder, sprach er, ihr seht den herrlichen Ort und die uns angenehmen Menschen, mögen sie auch auch im Irrtum befangen sein. Wenn es euch einleuchtet, wollen wir es so

machen, wie wir es verabredet, als wir noch in unserem
Vaterlande waren: Lasset uns ... vertrauensvoll den Menschen hier den Namen unseres Herrn Jesus Christus verkündigen.‹ Unverzüglich setzten sie das Wort in die Tat
um.«

IMPULSFRAGEN   173
Bewegt uns das Schicksal anderer Menschen?
Fühlen wir uns durch die Glaubensnot unserer Zeit gefor-
dert?
Wollen wir unseren Mitmenschen in ihren Zweifeln und
Glaubensschwierigkeiten beistehen?
Betrachten wir uns als Glaubenshilfe für die Mitmen-
schen?
Verurteilen wir die Menschen und distanzieren wir uns
von ihnen, die dem Glauben und der Kirche fernstehen?
Suchen wir das Gespräch mit den Fernstehenden?
Nutzen wir alle Möglichkeiten, um in unseren Mitmen-
schen, die sich als Fernstehende einschätzen, den Glauben
neu zu wecken?
Fügen wir unserem Gebet für die Fernstehenden unsere
Tat, unseren missionarischen Einsatz an?
Scheuen wir uns, unseren Glauben zu bekennen?
Erkennen wir unser Sprechen von Gott als Werk der Barm-
herzigkeit und Liebe?
Ist uns am Heil der Mitmenschen gelegen?

FÜRBITTEN   174
V   Herr Jesus Christus, du rufst alle Menschen in dein
Reich.
Wir bitten dich:
A   Schenk uns die Gnade der Barmherzigkeit, die unsere
Sorge um das Heil der Menschen weckt.

V   Erbarme dich der Glaubensnot unserer Zeit.

A   Laß uns für unsere Mitmenschen Christusträger sein.

V   Nimm von uns alle Scheu, dich vor den Menschen zu bekennen.

A   Stärke unsere Liebe, in der wir uns die Heillosigkeit unserer Mitmenschen zum missionarischen Anliegen machen.

V   Bewahre uns vor jeglicher Verurteilung und Minderschätzung der Menschen, die unter ihrer Glaubensnot leiden.

A   Sporne uns an, uns gerade jenen zuzuwenden, die sich von dir und deiner Kirche abgewandt haben.

V   Das gewähre uns auf die Fürsprache des heiligen Kilian und seiner Gefährten,

A   damit wir uns deiner Jüngerschaft würdig erweisen. Amen.

175 LIED

1. Gott ruft sein Volk zu-sam-men rings auf dem Er-den-rund, eint uns in Chri-sti Na-men zu ei-nem neu-en Bund. Wir sind des Herrn Ge-mein-de und

fei - ern   sei - nen   Tod.   In   uns   lebt,

der uns ein - te;   er   bricht mit uns das Brot.

2. In göttlichem Erbarmen / liebt Christus alle gleich; / die Reichen und die Armen / beruft er in sein Reich. / Wir sind einander Brüder, / und niemand ist uns fern: / ein Leib und viele Glieder / in Christus, unserm Herrn.

3. Neu schafft des Geistes Wehen / das Angesicht der Welt / und läßt ein Volk erstehen, / das er sich auserwählt. / Hilf, Gott, daß einig werde – dein Volk in dieser Zeit: / ein Hirt und eine Herde, / vereint in Ewigkeit.

T: Friedrich Dörr 1972   M: »Gott ist dreifaltig einer« Nr. 489   (GL 640)

Verkündigung

IMPULSTEXT   **176**

V   Von der Verkündigung und der Wirkkraft seines Apostolats lesen wir in der Passio maior Sancti Kiliani, daß Kilian begann, »allmählich den ungläubigen Völkern das Brot des göttlichen Wortes zu reichen. Denn so große Gnade hatte ihm der Herr verliehen, daß er in kurzer Zeit die Sprache des Volkes erlernte und ihnen in ihrer Muttersprache die Samenkörner der Wahrheit bot. Und alle bewunderten nicht nur die neue Lehre, sondern auch seine überströmende Beredsamkeit. Und die Macht des Wortes begleitete auch das Wirken von Wundern. Es erfüllte sich an ihm, was die Wahrheit den Aposteln verheißen hatte:

›Ich werde euch, so spricht sie, Mund und Weisheit geben‹ (Lk 21, 15) und wiederum: ›Die Werke, die ich tue, werdet auch ihr tun‹ (Joh 14, 12)«.

177 IMPULSFRAGEN

Wie gehen wir mit dem Wort Gottes um?

Besitzen wir eine Heilige Schrift?

Lesen wir in der Heiligen Schrift?

Verstehen wir die Kenntnis des Wortes Gottes als unseren Eigenbesitz oder als Befähigung und Auftrag, das Wort Gottes zu verkünden?

Engen wir die Verkündigung der frohen Botschaft nur auf die Wortverkündigung ein?

Versuchen wir unser Leben als Ganzes in den Dienst der Verkündigung Christi zu stellen?

Verwehren wir unseren Mitmenschen Christi Botschaft?

Sehen wir uns durch unsere Taufe als Gesandte Christi, als sein Sprachrohr in dieser Welt?

Nutzen wir alle Möglichkeiten, Zeugnis für Christus abzulegen?

Haben unsere nächsten Angehörigen von uns schon einmal ein Glaubenszeugnis erfahren?

Suchen wir das Gespräch über die Heilige Schrift im Kreis der Familie, der Verwandten und Freunde oder der Gemeinde?

178 FÜRBITTEN

V Herr Jesus Christus, du hast uns aufgetragen, alle Völker zu lehren. Um deinem Auftrag in unseren Lebensbereichen nachzukommen, bitten wir dich:

A Laß uns dein Wort hören und aufnehmen.

V Schenk uns Wachsamkeit und Bereitschaft, beim Hören deiner frohen Botschaft deinen Anruf zu verstehen.

A   Ermutige uns, vor unseren Mitmenschen durch Wort und Tat für dich Zeugnis abzulegen.

V   Laß uns alle Angebote und Möglichkeiten nutzen, uns auf dein Wort einzulassen, uns mit ihm auseinanderzusetzen und es dank der gewonnenen Erkenntnisse weiterzugeben.

A   Bewahre uns vor jeglicher Oberflächlichkeit und Trägheit.

V   Treibe uns an, durch die Kraft deines Wortes unseren Mitmenschen die Augen für das in dir geschenkte Heil zu öffnen.

A   Steh uns bei, damit wir den Menschen in dieser verworrenen und zerrissenen Welt Hoffnung weitergeben sowie den Sinn und das Ziel des Lebens erschließen.

V   Das gewähre uns auf die Fürsprache der Heiligen Kilian, Kolonat und Totnan,

A   damit wir uns deiner Jüngerschaft würdig erweisen. Amen.

LIED   **179**

1. Gott liebt die - se Welt, und wir sind sein Ei - gen. Wo - hin er uns stellt, sol - len wir es zei - gen: Gott liebt die - se Welt.

2. Gott liebt diese Welt. Er rief sie ins Leben. / Gott ist's, der erhält, was er selbst gegeben. / Gott gehört die Welt.

4. Gott liebt diese Welt. Ihre Dunkelheiten / hat er selbst erhellt. Im Zenit der Zeiten / kam sein Sohn zur Welt.

5. Gott liebt diese Welt. Durch des Sohnes Sterben / hat er uns bestellt zu des Reiches Erben. / Gott erneut die Welt.

6. Gott liebt diese Welt. In den Todesbanden / keine Macht ihn hält. Christus ist erstanden: / Leben für die Welt.

7. Gott liebt diese Welt. Er wird wiederkommen, / wann es ihm gefällt, nicht nur für die Frommen, / nein, für alle Welt.

8. Gott liebt diese Welt, und wir sind sein eigen. / Wohin er uns stellt, sollen wir es zeigen: / Gott liebt diese Welt.

T und M: Walter Schulz 1962 (GL 297)

Christusbekenntnis

180 IMPULSTEXT

V Vom Inhalt der Predigt hält die Passio maior Sancti Kiliani das Bekenntnis des heiligen Kilian zum dreifaltigen Gott und zu Jesus fest.

»Er lehrte, daß es nur einen Gott gebe, den Schöpfer der sichtbaren und unsichtbaren Kreatur, bestehend in drei Personen und der Einheit des Wesens; lehrte, daß Jesus Christus, der von den Juden gekreuzigt worden, in einer Person wahrer Gott und wahrer Mensch sei, seiner göttlichen Natur nach dem Vater gleich, in seiner menschlichen Natur sterblich geworden; daß durch ihn die vernünftige menschliche Kreatur, die durch den Trug des neidischen Feindes getäuscht worden war, erbarmungsvoll wieder hergestellt wurde.«

IMPULSFRAGEN   **181**

Welches Gottesbild haben wir?

Bekennen wir bewußt Gott als den Dreifaltigen?

Sind wir bemüht, die Einheit im Wesen des dreifaltigen Gottes durch unsere Einheit und Eintracht im Glauben untereinander widerzuspiegeln und zu leben?

Wer ist Jesus Christus für uns?

Bekennen wir ohne Abstriche die Gottessohnschaft Jesu?

Ist für uns Jesus nicht nur menschlicher Bruder, sondern auch die zweite göttliche Person?

Sehen wir im Leben und Wirken Jesu nur ein beispielhaftes mitmenschliches Verhalten oder auch das göttliche Heilshandeln an uns Menschen?

Ist der Tod Jesu am Kreuz für uns ein Ende oder der Erlösungstod und die Pforte des Lebens?

Erkennen wir Jesus Christus als unseren Herrn an, dem wir verpflichtet sind?

Sind wir bereit zur Demut und zur Anerkennung der Herrschaft Christi?

FÜRBITTEN   **182**

V   Herr Jesus Christus, du bist der Herr, der Höchste. Wir bitten dich:

A   Laß uns dich als unseren Herrn bekennen.

V   Öffne unseren Mund, damit wir deine Gottessohnschaft preisen.

A   Steh uns bei, wenn wir dir durch Wort und Tat unser Lob darbringen.

V   Weite unseren Blick, damit wir in deinem Lebenszeugnis das Handeln Gottes an uns erkennen und bezeugen.

A   Bewahre uns vor allem Stolz und jeglicher Vermessenheit.

V   Laß uns dir in Demut und Hingabe dienen.

A   Nimm unser Bemühen um ein glaubwürdiges Leben
an als Dank für deine Liebe und unsere Indienstnahme.
V   Das gewähre uns auf die Fürsprache der Heiligen Ki-
lian, Kolonat und Totnan,
A   damit wir uns deiner Jüngerschaft würdig erweisen.
Amen.

183 LIED

1. Gott, heil - ger Schöp - fer al - ler Stern,
er - leucht uns, die wir sind so fern,
daß wir er - ken - nen Je - sus Christ,

6. Strophe

der für uns Mensch ge - wor - den ist.   A - men.

4. Gezeigt hat er sein groß Gewalt, / daß es in aller Welt
erschallt, / sich beugen müssen alle Knie / im Himmel
und auf Erden hie.
5. Wir bitten dich, o heilger Christ, / der du zukünftig
Richter bist, / lehr uns zuvor dein' Willen tun / und an
dem Glauben nehmen zu.
6. Lob, Preis sei, Vater, deiner Kraft / und deinem Sohn,
der all Ding schafft, / dem heilgen Tröster auch zugleich /
so hier wie dort im Himmelreich. / Amen.

T: »Conditor alme siderum« 10. Jh. Übertragung Thomas Münzer 1523
M: Kempten um 1000   (GL 116)

Unermüdlicher Einsatz

IMPULSTEXT   **184**

V   Die Entschiedenheit, mit der sich der heilige Kilian
unter den Sendungsauftrag Christi gestellt hat, spiegelt
sich in seinem unermüdlichen Einsatz wider, so daß es in
der Passio maior Sancti Kiliani heißt: »Der vortreffliche
Mann arbeitete unermüdlich, Gott die Seelen wiederzuge-
winnen, die der Teufel zu verderben suchte. Als Leuchte,
die auf den Leuchter gestellt war, leuchtete er allen; als
Stadt, die auf dem Berge gebaut war, wurde er von allen gesehen (Mt 5, 13. 14).«

IMPULSFRAGEN   **185**

Wie entschieden setzen wir uns für unseren Glauben ein?
Neigen wir dazu, angesichts erlahmender Kräfte oder mög-
licher Widerstände zu resignieren?
Schweigen wir um des sogenannten lieben Friedens willen,
wenn von uns ein Glaubenszeugnis gefordert wird?
Wieviel Zeit erübrigen wir für die Mitarbeit in der Ge-
meinde und Kirche?
Sind wir überhaupt zur kirchlich-gemeindlichen Mitarbeit
bereit?
Warten wir hinsichtlich unseres gemeindlichen Einsatzes
immer erst ab, bis wir angesprochen werden?
Wollen wir zur Mitarbeit immer wieder gebeten werden?

FÜRBITTEN   **186**

Herr Jesus Christus, du hast uns in unserem missionarischen Einsatz mit einem Leuchter, der allen leuchtet, und
mit einer Stadt auf dem Berge, die von allen gesehen wird,
verglichen. Wir bitten dich:

A   Bestärke uns zum Bekenntnis unseres Glaubens.

V   Bewahre uns vor Entmutigung, wenn unser Glaubenszeugnis auf Widerstand und Schwierigkeiten stößt.

A   Behüte uns vor ängstlichem und bequemem Schweigen, wenn ein offenes Glaubenszeugnis gefordert ist.

V   Sporne uns an, uns für unsere Gemeinde und deine Kirche einzusetzen.

A   Laß uns die Notwendigkeit kirchlicher Mitarbeit erkennen.

V   Lohne allen, die sich am Aufbau deines Reiches beteiligen, ihr Mühen durch deine Nähe und Kraft.

A   Nimm von uns die Furcht vor Überforderung und vor dem öffentlichen Zeugnis für dich.

V   Was wir mit unserer schwachen Kraft beginnen, vollende du

A   und laß so aus unserem begrenzten Tun reiche Frucht erwachsen.

V   Das gewähre uns auf die Fürsprache der Heiligen Kilian, Kolonat und Totnan,

A   damit wir uns deiner Jüngerschaft würdig erweisen. Amen.

187 LIED

1. Son - ne   der Ge - rech - - tig - keit,

ge - he   auf   zu   uns - - rer Zeit;

brich in   dei - ner Kir - che an,   daß die

Welt es   se - hen kann. Er - barm dich,   Herr.

5. Gib den Boten Kraft und Mut, / Glauben, Hoffnung, Liebesglut, / und laß reiche Frucht aufgehn, / wo sie unter Tränen sä'n. / Erbarm dich, Herr.

6. Laß uns deine Herrlichkeit / sehen auch in dieser Zeit / und mit unsrer kleinen Kraft / suchen, was den Frieden schafft. / Erbarm dich, Herr.

7. Laß uns eins sein, Jesu Christ, / wie du mit dem Vater bist, / in dir bleiben allezeit / heute wie in Ewigkeit. / Erbarm dich, Herr.

T: nach einem von Otto Riethmüller (1932) aus älteren Strophen zusammengestellten Lied   M: Nürnberg 1556 / Eibenschütz 1566   (GL 644)

Gebetsgemeinschaft

IMPULSTEXT   188

V   Die Frankenapostel haben in Würzburg Gläubige um sich geschart und so eine Gemeinde Christi gebildet, die Urzelle unserer fränkischen Kirche. Alle, die dieser ersten Gemeinde angehörten, trafen sich zum Gebet, um daraus die Kraft für ihr Leben und für ihre Nachfolge Christi zu schöpfen. In der Passio maior Sancti Kiliani wird von einem Gebetsraum gesprochen, an dem sich die Gottesdienstgemeinde um die Frankenapostel versammelte: »Neben dem Oratorium der Heiligen hatte eine vornehme Frau, mit Namen Burgunda, die den Heiligen schon bei Beginn ihrer Predigttätigkeit sich angeschlossen hatte, eine kleine Zelle, um so leichter den gottesdienstlichen Laudes beiwohnen zu können.«

189 IMPULSFRAGEN

Wie sehen wir unsere Beziehung zu unserer Pfarrgemeinde?

Verstehen wir uns mit allen Mitgliedern unserer Pfarrgemeinde als Glaubensgemeinschaft?

Suchen wir den Kontakt zu den Gemeindemitgliedern?

Feiern wir die Gemeindegottesdienste auch unter dem Aspekt der Gemeinschaft untereinander mit?

Bringen wir uns mit unseren Gebeten und Gaben in die Glaubensgemeinschaft der Pfarrgemeinde ein?

Welche Stellung nimmt in unserem Lebensvollzug und in unserem Tagesablauf das Gebet ein?

Schränken wir unsere Gebete nur auf Bitten um Erfüllung eigener Pläne und Absichten ein?

Sehen wir unsere Gebete als Teil des einen großen Dankgebetes der Kirche?

Wie ist das Verhältnis von Bitt- und Dankgebeten bei uns?

Haben wir in unserem Leben eine geistliche Mitte?

Ist für uns die Mitfeier der gemeindlichen Gottesdienste eine Selbstverständlichkeit?

Verstehen wir unsere Anwesenheit in den Gemeindegottesdiensten nur als Besuch oder als eine lebendige Teilhabe?

190 FÜRBITTEN

V Herr Jesus Christus, du sammelst die Menschen zu deiner Gemeinde. Wir bitten dich:

A Laß über unseren Sorgen und Anliegen dein Lob und unseren Dank nicht verstummen.

V Bereite unsere Herzen zur lebendigen Teilnahme am Gottesdienst.

A Laß unser Beten einmünden in das große Dankgebet der Kirche.

V   Bewahre uns vor der Versuchung, unser Beten von der
Erfüllung vordergründiger Anliegen abhängig zu machen.
A   Öffne unsere Augen, daß du die Mitte unseres Betens
und gottesdienstlichen Lebens bist.
V   Führe uns zur Glaubens- und Gebetsgemeinschaft dei-
ner Kirche und Gemeinde zusammen.
A   Laß unseren Lebensvollzug vom Geist des Gebetes und
von der im Gottesdienst geschenkten Gnade durchdrun-
gen sein.
V   Das gewähre uns auf die Fürsprache der Heiligen Ki-
lian, Kolonat und Totnan,
A   damit wir uns deiner Jüngerschaft würdig erweisen.
Amen.

LIED   191

1. Im Frie-den dein, o Her-re mein,
laß ziehn mich mei - ne Stra - ßen.
Wie mir dein Mund ge - ge - ben kund,
schenkst Gnad du oh - ne Ma - ßen,
hast mein Ge - sicht das sel - ge Licht,

den   Hei - land, schau - en   las - - - sen.

3. O Herr, verleih, daß Lieb und Treu / in dir uns all ver-
binden, / daß Hand und Mund zu jeder Stund / dein
Freundlichkeit verkünden, / bis nach der Zeit den Platz
bereit / an deinem Tisch wir finden.

T: Friedrich Spitta 1899 nach Johann Englisch vor 1530
M: Wolfgang Dachstein vor 1530   (GL 473)

Wachsamkeit

192 IMPULSTEXT

V   Die Frankenapostel hielten sich bereit, dem Herrn entgegenzugehen, wenn er kommt. Das Herrenwort »Wachet
und betet« beachteten sie bis zu ihrem Martyrium, in dem
sie dem Herrn entgegeneilten. In der Passio maior Sancti
Kiliani wird uns diese Bereitschaft vor Augen gestellt,
wenn es dort vom heiligen Kilian heißt: »Er rief die Brüder
zusammen und sprach: ›Laßt uns wachen, baldigst wird
der Herr bei uns sein und an die Pforte pochen. Wir müssen darauf achten, daß er uns nicht schlaftrunken antrifft.
Tun wir Öl in unsere Lampen, solange es noch Zeit ist, damit wir nicht, wenn es zufällig ausgeht, erst dann solches
holen müssen, wenn wir es nicht mehr finden‹ (vgl. Mt
25, 1–10).«

193 IMPULSFRAGEN

Leben wir in den Tag hinein?
Gestalten wir unser Leben so, daß wir jederzeit dem Herrn
entgegengehen können?

Sind wir jederzeit bereit, dem Herrn Rechenschaft abzulegen?

Lassen wir uns in unseren Entscheidungen und Handlungen vom Wort und Gebot des Herrn leiten?

Bemühen wir uns in unserem Leben um eine durchgängige Glaubenspraxis?

Sehen wir uns jederzeit vom Herrn gefordert?

Ergreifen wir die Chance und Gnade der Stunde in unserem Glaubensvollzug?

Hat unser Leben eine geradlinige Ausrichtung im Glauben?

Verdrängen wir den Gedanken an den bevorstehenden Tod?

Leben wir so, daß wir guten Gewissens jederzeit sterben können?

Welche Fehlentscheidungen und schuldhaften Handlungen nähren in uns die Furcht vor dem Tod?

Durch welche Bemühungen will ich erreichen, in Frieden mit Gott und den Menschen aus dem Leben scheiden zu können?

FÜRBITTEN   194

V   Herr Jesus Christus, du rufst uns zur Wachsamkeit auf. Wir bitten dich:

A   Nähre in uns die Freude auf dein Kommen.

V   Wecke in uns die Wachsamkeit, in der wir unser Leben daraufhin prüfen, ob es deinem Wort und Gebot entspricht.

A   Schenke uns das klare Urteilsvermögen, unser Leben an deinem Wort und am Vorbild der Heiligen zu messen.

V   Stärke uns in der Treue zu dir.

A   Bewahre uns davor, daß wir von deinem Weg abweichen und uns um unser Ziel bringen.

V   Laß uns jede Chance nutzen, am Aufbau deines Reiches mitzuarbeiten.

A   Gib, daß wir in unserem Lebensvollzug vor dir und vor uns bestehen können.

V   Schenk uns die Gnade eines guten Todes.

A   Laß uns erkennen, daß wir uns durch ein gläubiges Leben in rechter Weise auf den Tod vorbereiten.

V   Das gewähre uns auf die Fürsprache der Heiligen Kilian, Kolonat und Totnan,

A   damit wir uns deiner Jüngerschaft würdig erweisen. Amen.

195 LIED

1. Die Nacht ist vor - ge - drun - gen,
So sei nun Lob ge - sun - gen

der Tag ist nicht __ mehr fern.
dem hel - len Mor - gen - stern.

Auch wer zur Nacht ge - wei - net, der stim - me

froh mit __ ein. Der Mor - gen - stern be -

schei - net auch dei - ne Angst und Pein.

4. Noch manche Nacht wird fallen / auf Menschenleid und -schuld. / Doch wandert nun mit allen / der Stern

der Gotteshuld. / Beglänzt von seinem Lichte, / hält euch
kein Dunkel mehr; / von Gottes Angesichte / kam euch
die Rettung her.
5. Gott will im Dunkel wohnen / und hat es doch erhellt.
/ Als wollte er belohnen, / so richtet er die Welt. / Der
sich den Erdkreis baute, / der läßt den Sünder nicht. /
Wer hier dem Sohn vertraute, / kommt dort aus dem Gericht.

T: Jochen Klepper 1938   M: Johannes Petzold 1939   (GL 111)

Kreuzesnachfolge

IMPULSTEXT   **196**
V   Von der Todesstunde der Frankenapostel, in der sie
durch ihren Tod in die Herrlichkeit des Herrn eingegangen
sind, berichtet die Passio maior Sancti Kiliani: »Und als sie
so um Mitternacht dem Gebet oblagen, drangen die Henker mit gezücktem Schwert in den Ort, in dem sie beteten.
Als der heilige Mann sie sah, sprach er: ›Freunde, wozu
seid ihr gekommen? (vgl. Mt 26,50). Ihr werdet eurem
Auftrag nachkommen, wir werden unseren Lauf vollenden‹ (vgl. 2 Tim 4,7). Nach diesen Worten wurden sie ge-
tötet.«
Die dogmatische Konstitution über die Kirche des Zweiten
Vatikanischen Konzils ruft uns zur Kreuzesnachfolge auf.
In der Bereitschaft dazu tragen wir das Erbe der Franken-
apostel weiter. Die Konstitution sagt uns:
»Da Jesus, der Sohn Gottes, seine Liebe durch den Einsatz
seines Lebens für uns bekundet, hat keiner eine größere
Liebe, als wer sein Leben für ihn und die Brüder hingibt
(vgl. 1 Joh 3,16; Joh 15,13). ... Das Martyrium, das den
Jünger dem Meister in der freien Annahme des Todes für

das Heil der Welt ähnlich macht und im Vergießen des Blutes gleichgestaltet, wertet die Kirche als hervorragendes Geschenk und als höchsten Erweis der Liebe. Wenn es auch wenigen gegeben wird, so müssen doch alle bereit sein, Christus vor den Menschen zu bekennen und ihm in den Verfolgungen, die der Kirche nie fehlen, auf dem Weg des Kreuzes zu folgen.« (LG 42)

197 IMPULSFRAGEN

Bekennen wir Christus in Wort und Tat vor den Menschen auch auf die Gefahr hin, daß uns daraus Nachteile und gesellschaftliche Ächtung erwachsen?

Suchen wir angesichts von Leid und Tod Zuflucht und Stärkung im Gebet?

Verstehen wir das uns auferlegte Leid als Chance zur besonderen Hingabe an den Herrn und zur Teilhabe an seinem Kreuzestod?

Sind wir bereit, um unseres Glaubens willen Leid auf uns zu nehmen und uns dem Leid auszusetzen?

Können wir im auferlegten Kreuz ein Geschenk zu unserer Vervollkommnung im Glauben erkennen?

Wollen wir jedes Leid abschütteln und den Gedanken an den Tod verdrängen?

Bitten wir den Herrn, daß er uns das Leid nehme? Oder bitten wir ihn darum, daß wir im Blick auf ihn das Leid ertragen?

198 FÜRBITTEN

V   Herr Jesus Christus, du forderst alle auf, die zu deiner Nachfolge bereit sind, das Kreuz zu tragen. Wir bitten dich:

A   Laß uns im Kreuz unseres Lebens die Chance erkennen, dir gleichförmig zu werden.

V Bewahre uns davor, daß wir aus Angst vor gesellschaft-
licher Ächtung deine Gebote mißachten.
A Laß uns unser Leid annehmen und tragen, um dir in
Treue nachzufolgen und mit dir den Sieg zu erringen.
V Das gewähre uns auf die Fürsprache der Heiligen Ki-
lian, Kolonat und Totnan,
A damit wir uns deiner Jüngerschaft würdig erweisen.
Amen.

LIED   **199**

1. „Mir nach", spricht Chri - stus, un - ser Held, „mir
   Ver - leug - net euch, ver-laßt die Welt, folgt

nach, ihr Chri-sten al - le!
mei-nem Ruf und Schal-le;   nehmt eu - er Kreuz und

Un-ge-mach auf euch, folgt mei-nem Wan- del nach.

4. Wer seine Seel zu finden meint, / wird sie ohn mich
verlieren. / Wer sie um mich verlieren scheint, / wird sie
nach Hause führen. / Wer nicht sein Kreuz nimmt und
folgt mir, / ist mein nicht wert und meiner Zier."
5. So laßt uns denn dem lieben Herrn / mit unserem
Kreuz nachgehen / und wohlgemut, getrost und gern / in
allen Leiden stehen. / Wer nicht gekämpft, trägt auch die
Kron / des ewgen Lebens nicht davon.

T: Angelus Silesius (Johannes Scheffler) 1668
M: Bartholomäus Gesius 1605 / Johann Hermann Schein 1628   (GL 616)

Verheißung künftiger Herrlichkeit

200 IMPULSTEXT

V   Vor dem Martyrium wurde dem heiligen Kilian die
Teilhabe an der Herrlichkeit des Herrn, am österlichen
Sieg verheißen. So ist der Tod der Frankenapostel »um
Mitternacht«, d. h. an der Wende der Zeit und zu Beginn
eines neuen Tages, ein Übergang in Gottes neue Welt, in
die lichte Morgensonne des Ostertages. Die Passio maior
Sancti Kiliani berichtet: »Der selige Martyrer Kylian
pflegte nach kurzer notwendiger Ruhe zu wachen, instän-
digem Gebet hingegeben. Und in einer Nacht ... erschien
ihm ein Mann ..., der zu ihm sprach: ›Freund Kylian, steh
auf, ich will nicht, daß du noch länger mühevoll arbeitest;
nur einen Kampf wirst du noch zu bestehen haben, und
dann wirst du als Sieger allezeit bei mir sein.‹ Und nach
diesen Worten schied er. Als der hervorragende Mann er-
wachte, kam er zur Erkenntnis, daß der Besuch von Gott
kam.«

201 IMPULSFRAGEN

Lassen wir uns von den Finsternissen unseres Lebens ge-
fangennehmen?
Erfüllt uns der Gedanke an den Tod mit der Gewißheit
und Freude des Glaubens, der ewigen Herrlichkeit nach
vollendetem Lebenslauf entgegenzugehen?
Wie stark und prägend ist unser Osterglaube?
Kann unser Auferstehungsglaube der Todesgewißheit und
Todesfurcht standhalten?
Ist unsere österliche Freude so wirkmächtig, daß sie die
Angst vor dem Tod überwindet?
Hallt das österliche Halleluja auch noch nach dem Oster-

fest und in der Begegnung mit Leid und Tod in uns wirksam nach?

Freuen wir uns auf die Ewigkeit und den Himmel?

Suchen wir den Himmel auf Erden oder in Gottes Herrlichkeit jenseits des Todes und der Grenze der Zeit?

Beschäftigt uns die Frage nach dem Tod mehr als die Frage, wie wir durch unseren Lebensvollzug dem Himmel entgegengehen können?

FÜRBITTEN   202

V   Herr Jesus Christus, du hast gesagt: Ich bin die Auferstehung und das Leben. Wer an mich glaubt, wird leben in Ewigkeit; er wird leben, selbst wenn er gestorben ist. Wir bitten dich:

A   Schenk uns die Gnade des Glaubens um unseres ewigen Lebens willen.

V   Nimm von uns alle Todesbefangenheit.

A   Nimm von uns die Schatten der Todesfurcht, die uns hindern, in deinem österlichen Licht zu leben.

V   Wecke in uns die Freude auf den Himmel.

A   Laß uns unsere Lebensentscheidungen im Blick auf die verheißene himmlische Herrlichkeit treffen.

V   Treibe uns an, gerade angesichts des Todes den österlichen Lobpreis anzustimmen.

A   Bewahre uns davor, daß wir vor dem Tod erschrecken.

V   Bestärke uns in dem Bemühen, in unserer Lebensfreude und himmlischen Zuversicht von deinem Sieg über den Tod Zeugnis vor den Menschen abzulegen.

A   Ermutige uns, den »Gefangenen des Todes« mit deiner Auferstehungsbotschaft entgegenzutreten.

V   Das gewähre uns auf die Fürsprache der Heiligen Kilian, Kolonat und Totnan,

A   damit wir uns deiner Jüngerschaft würdig erweisen. Amen.

203 LIED

5. O Christ, nun fe - ste Hoff - nung hab,

freu dich und sin - ge, auch du wirst

gehn aus dei - nem Grab. Hal - le - lu - ja.

1.–7. Sing fröh - lich Hal - le - lu - ja.

6. Das Weizenkörnlein nicht verdirbt, / freu dich und singe, / wiewohl es in der Erde stirbt. / Halleluja.

7. Du hochbeglückte Christenschar, / freu dich und singe, / bring Preis und Dank dem Sieger dar. / Halleluja.

T: Mainzer Gesangbuch 1788   M: Limburger Gesangbuch 1838   (GL 861)

Vorbild

V   Die Kirche hat die Heiligen immer als ihre Fürsprecher und als Vorbild der Nachfolge Christi verehrt. So sagt die dogmatische Konstitution über die Kirche des Zweiten Vatikanischen Konzils:

»Daß aber die Apostel und Martyrer Christi, die durch Vergießen ihres Blutes das höchste Zeugnis des Glaubens und der Liebe gegeben hatten, in besonderer Weise mit uns verbunden seien, hat die Kirche immer geglaubt, hat sie zugleich mit der seligen Jungfrau Maria und den heiligen Engeln mit besonderer Andacht verehrt und hat ihre fürbittende Hilfe fromm angerufen. ... Wenn wir nämlich auf das Leben der treuen Nachfolger Christi schauen, erhalten wir neuen Antrieb, die künftige Stadt zu suchen (vgl. Hebr 13, 14 und 11, 10). Zugleich erhalten wir ganz sichere Wegweisung, wie wir, jeder nach seinem Stand, durch die irdischen Wechselfälle hindurch zur vollkommenen Vereinigung mit Christus, nämlich zur Heiligkeit, kommen können. Im Leben derer, die zwar Schicksalsgenossen unserer Menschlichkeit, dennoch vollkommener dem Bilde Christi gleichgestaltet werden (vgl. 2 Kor 3, 18), zeigt Gott den Menschen in lebendiger Weise seine Gegenwart und sein Antlitz. In ihnen redet Er selbst zu uns, gibt Er uns ein Zeichen seines Reiches.«   (LG 50)

Woran richten wir unser Leben aus?
Bestimmen Ideale oder Idole unsere Lebensentscheidungen?
Setzen wir unsere Lebensschritte nach dem Vorbild von Menschen des Glaubens?

Fühlen wir uns mit unseren Heiligen verbunden?

Fühlen wir uns ihrem Vorbild verpflichtet?

Erkennen wir in ihrem beispielhaften Lebens- und Glaubenszeugnis eine uns vorgelebte Möglichkeit, unser Christsein zu leben und zu bezeugen?

Wollen wir uns durch das Vorbild der Heiligen zur Erneuerung unseres Glaubenslebens anspornen lassen?

Sind uns die Heiligen Wegweiser und Weghilfen auf unserem Lebensweg?

Setzen wir uns mit dem Zeugnis der Heiligen auseinander?

Spüren und entdecken wir die jeweils neue Aktualität ihres Vorbildes?

Nutzen wir die Chance, durch die Nachahmung und tätig gelebte Verehrung der Heiligen Gott näherzukommen?

Fühlen wir uns durch das Vorbild der Heiligen von Gott angesprochen?

Stellen wir uns mit unserem Lebensvollzug und Christusbekenntnis in die Gemeinschaft der Heiligen?

206 FÜRBITTEN

V   Herr Jesus Christus, du bist verherrlicht in deinen Heiligen. Wir bitten dich:

A   Laß unseren Dank für das Geschenk nicht verstummen, das du uns in deinen Heiligen und ihrem Lebenszeugnis gewährst.

V   Schenk uns die Gnade, ihrem Beispiel folgen zu können.

A   Bereite unsere Herzen, damit wir uns an dem in deinen Heiligen geschenkten Vorbild ausrichten.

V   Nimm uns schon jetzt und dereinst nach vollendetem Lebenslauf auf in die Gemeinschaft deiner Heiligen.

A   Laß uns dich mit den Heiligen durch unser Leben loben und preisen.

V   Bestärke uns in dem Willen zur Glaubenserneuerung, damit wir, deinen Heiligen gleich, Anteil an deiner und ihrer Herrlichkeit erlangen.

A   Entzünde in uns die Liebe zu dir, die uns in deinen Heiligen vorgelebt worden ist und in ihrem Leben aufleuchtet.

V   Das gewähre uns auf die Fürsprache der Heiligen Kilian, Kolonat und Totnan,

A   damit wir uns deiner Jüngerschaft würdig erweisen. Amen.

LIED   **207**

2. Auf Zi-on hoch ge-grün-det steht Got-tes heil-ge Stadt, daß sie der Welt ver-kün-det, was Gott ge-spro-chen hat. Herr, wir rüh-men dich, wir be-ken-nen dich; denn du hast uns be-stellt zu Zeu-gen in der Welt.

4. Seht Gottes Zelt auf Erden! / Verborgen ist er da; / in menschlichen Gebärden / bleibt er den Menschen nah. / Herr, wir danken dir, / wir vertrauen dir; / in Drangsal mach uns frei / und steh im Kampf uns bei.

5. Sein wandernd Volk will leiten / der Herr in dieser
Zeit; / er hält am Ziel der Zeiten / dort ihm sein Haus bereit. / Gott, wir loben dich, / Gott, wir preisen dich. / O
laß im Hause dein / uns all geborgen sein.

T: Hans W. Marx 1972   M: Joseph Mohr 1876   (GL 639)

Gedächtnis der Heiligen

208 IMPULSTEXT

V   Warum der Kirche das Gedächtnis der Heiligen im Jah-
reslauf wichtig ist und welche Früchte es zeitigen kann, er-
klärt die Liturgiekonstitution des Zweiten Vatikanischen
Konzils:

»In den Kreislauf des Jahres hat die Kirche auch die Ge-
dächtnistage der Martyrer und der anderen Heiligen eingefügt, die, durch Gottes vielfältige Gnade zur Vollkommenheit geführt, das ewige Heil bereits erlangt haben, Gott im
Himmel das vollkommene Lob singen und Fürsprache
für uns einlegen. In den Gedächtnisfeiern der Heiligen verkündet die Kirche das Pascha-Mysterium in den Heiligen,
die mit Christus gelitten haben und mit ihm verherrlicht
sind. Sie stellt den Gläubigen ihr Beispiel vor Augen, das
alle durch Christus zum Vater zieht, und sie erfleht um ihrer Verdienste willen die Wohltaten Gottes.«   (SC 104)

209 IMPULSFRAGEN

Wovon lassen wir uns den Zeitenlauf bestimmen?
Halten wir im Ablauf der Zeit immer wieder inne, um hinter uns und vor uns zu schauen und die Zeichen der Zeit
zu erfassen?
Bestimmt und prägt für uns Christus, der Herr der Zeit,

den Lebenslauf, oder wollen wir unsere Lebenszeit allein
bestimmen und lenken?
Fühlen wir uns in unserer Lebensgestaltung aufeinander
angewiesen?
Schließen wir in den Kreis derer, deren Hilfe und Beistand
wir im Leben benötigen, auch die Heiligen mit ein?
Rufen wir die Fürsprache der Heiligen an?
Werten wir das Vorbild der Heiligen als Hinführung zu
Gott?
Berufen wir uns in unseren Lebensentscheidungen auf das
Beispiel der Heiligen?
Stellen wir uns das Zeugnis der Heiligen vor Augen, damit
uns daraus Stärke und Zuversicht, Gottes Zuwendung und
Hilfe erwachsen?
Schließen wir in unsere Gebete das Lob der Heiligen und
ihre Fürsprache ein?
Kennen wir unseren Namenspatron?
Bestimmt das Vorbild unseres Namenspatrones unseren
Lebensvollzug?
Gedenken wir an unserem Namenstag dankbar des Bei-
spiels, das uns der Namenspatron vorgelebt hat?
Fühlen wir uns in der Verehrung der Frankenapostel und
Diözesanpatrone Kilian, Kolonat und Totnan verbunden
in der einen Glaubensgemeinschaft unseres Bistums?

FÜRBITTEN   210

V   Herr Jesus Christus, aufgrund unserer Begrenztheit
und Schwachheit sind wir auf den Beistand und die Fürsprache deiner Heiligen angewiesen. Wir bitten dich:
A   Halte in uns das Vorbild der Heiligen wach.
V   Laß uns auf ihr Zeugnis schauen, wenn unsere
Schwachheit und unsere Versuchungen uns zu überwälti-
gen drohen.

A   Bestärke uns in unserem Glaubensvollzug durch das Beispiel der Heiligen und durch ihre Fürsprache.

V   Wecke in uns eine liebevolle Zuneigung zu unseren Namens- und Bistumspatronen.

A   Wende dich uns erneut zu, wenn wir in Verehrung und Dankbarkeit unseres Namenspatrones gedenken.

V   Stelle uns unter den Schutz und in die Fürsprache unserer Namens- und Bistumspatrone.

A   Laß uns durch eine persönliche Beziehung zu unseren Namens- und Bistumspatronen im Glauben wachsen.

V   Das gewähre uns auf die Fürsprache der Heiligen Kilian, Kolonat und Totnan,

A   damit wir uns deiner Jüngerschaft würdig erweisen. Amen.

211 LIED

V 1. Ihr Freun - de Got - tes all - zu - gleich,
er - fleht am Thro - ne al - le - zeit
ver - herr - licht hoch im Him - mel - reich,
uns Gna - de und Barm - her - zig - keit.

A 1.–5. Helft uns in die - sem Er - den - tal,
daß wir durch Got - tes Gnad und Wahl
zum Him - mel kom - men all - zu - mal.

5. Wir bitten euch, durch Christi Blut / für uns bei Gott
stets Fürsprach tut; / der heiligsten Dreifaltigkeit / tragt
vor die Not der Christenheit.

T: nach Friedrich Spee 1623   M: Innsbruck 1588   (GL 608)

*Hier kann die »Litanei der Heiligen und Seligen Frankens«
ein- oder angefügt werden (s. o. Nr. 122).*

Gemeinsame Glaubenserneuerung

IMPULSTEXT   **212**

V   In seinem Hirtenwort mit dem Titel »Glaubenserneuerung im Geist der Frankenapostel. 1300 Jahre Mission und
Martyrium der Heiligen Kilian, Kolonat und Totnan«
schreibt unser Bischof Paul-Werner:
»Vor 1300 Jahren sind die Frankenapostel zu uns gekommen; heute sind wir ihre Nachfolger, heute sind wir gerufen, die Frohbotschaft weiterzugeben. ... Nur wenn wir gemeinsam ans Werk gehen, können wir sein Gelingen er-
warten. ... Wie wir unseren Glauben leben, was wir tun,
um ihn weiterzugeben, entscheidet mit über das Geschick
der kommenden Generation. ... Erschrecken läßt uns, wie
manche mit ihren Glaubensbrüdern und mit der Glaubensgemeinschaft der Kirche im ganzen umgehen. Daher
wird es nicht an Arbeit fehlen, wenn wir uns im Blick auf
unsere Frankenapostel vermehrt um das lebendige Miteinander mühen. ... Ohne Zweifel wird uns die Glaubenserneuerung im Geist der Frankenapostel nur dann geschenkt, wenn wir uns betend um diese Gnade bemühen.
Deshalb möchte ich jeden einzelnen herzlich um diesen
Einsatz bitten. ... Beten ist sprechender Glaube, praktizier-
tes Helfen, Beten ist Feier und Dienst zugleich. ... Gebe

Gott uns die Gnade, daß viele durch ihr Gebet und Opfer missionarisch wirken und andere im missionarischen Einsatz unterstützen.«

213 IMPULSFRAGEN

Sind wir bereit, uns in die Kette der Zeugen und in die Gemeinschaft der Gläubigen einzureihen, um im zeit- und raumübergreifenden Miteinander am Aufbau des Reiches Gottes zu arbeiten?

Sehen wir uns in der Erbfolge der Frankenapostel als Verkündiger und Zeugen des Glaubens?

Verspüren wir unsere Verantwortung für die Gläubigkeit der nachkommenden Generation?

Weisen wir selbstgefällig auf die Menschlichkeiten und Schwächen der Kirche hin, oder lassen wir uns gerade durch das Leiden an den Mängeln in der Kirche zum Glaubenseifer anspornen?

Distanzieren wir uns von der Gemeinschaft der Gläubigen?

Berühren uns die Glaubensnöte unserer Mitmenschen und der Glaubensschwund sowie die zunehmende Kritik an der Kirche?

Lieben wir die Kirche und ihre Glieder?

Beten wir um die Gnade der Glaubenserneuerung?

Bemühen wir uns, im Glauben zu wachsen und unsere Glaubensbekenntnisse zu mehren?

Beschränken wir das Gebet auf Worte, oder sehen wir unser ganzes Leben als Gebet?

Unterstützen wir durch Gebet und tätige Hilfe alle, die sich um die Erneuerung und Verbreitung des Glaubens mühen?

Wie unterstützen wir die Mission und alle, die in der Weltmission tätig sind?

FÜRBITTEN   **214**

V Herr Jesus Christus, du rufst uns zu Umkehr und Erneuerung auf, um dir und dem kommenden Reich Gottes
den Weg zu bereiten. Wir bitten dich:

A Schenk uns die Gnade der Umkehr und Glaubenserneuerung.

V Wecke in uns den Willen, uns in die Heilsgeheimnisse
unseres Glaubens zu vertiefen.

A Laß uns um deinetwillen und aufgrund unserer Verantwortung für die kommenden Generationen glaubwürdige Zeugen deiner Botschaft sein.

V Bewahre uns vor jeglicher Selbstsucht im Glauben und
im Erringen des Heils.

A Laß uns in der Gemeinschaft der Kirche, im Miteinander der Gläubigen an deinem Reich mitarbeiten.

A Öffne uns zum Miteinander der Glaubensverkündi-
gung in der Gemeinschaft unserer Pfarrgemeinde.

V Vergib uns, wenn wir deiner Kirche durch zersetzende
Kritik und mangelnden Einsatz Schaden zufügen.

A Laß uns in der Liebe zu dir und deiner Kirche wachsen.

V Steh uns bei in unserem missionarischen Einsatz und
in unseren Gebeten und Opfern für die Weltmission.

A Lohne allen, die sich um die Weitergabe und Verbreitung des Glaubens mühen, ihren Einsatz durch deine
Hilfe.

V Das gewähre uns auf die Fürsprache der Heiligen Kilian, Kolonat und Totnan,

A damit wir uns deiner Jüngerschaft würdig erweisen.
Amen.

215 LIED

1. Wie mein Gott will, ich bin be-
   Auf die - ser Welt mich nichts er -

reit, er ist mir lieb vor al - len.
freut, als ihm nur zu ge - fal - len.

Kein Freud noch Leid mich von ihm scheidt, kein Trüb - sal,

Angst und Schmer-zen. Soll's sein, so sei's! Mein

Gott, der weiß, daß ich ihn lieb von Her - zen.

4. Soll's sein, so sei's! Wie mein Gott will, sein Wille ist
der beste! / Er hat mir schon gesetzt ein Ziel, daran halt
ich mich feste. / In Freud und Leid, zu aller Zeit helf ich
sein Werk vollbringen. / Soll's sein, so sei's! / Lob, Ehr
und Preis will ich ihm ewig singen.

T und M: München 1637   (GL 886)

1. Wir ru - fen an den teu - ern Mann, Sankt
Ki - li - an! Sankt Ko - lo - nat und Sankt Tot -
nan! Dich lo - ben, dir dan - ken dei - ne
Kin - der in Fran-ken, Sankt Ki - li - an!

2. Der Heil'ge Stuhl hat dich gesandt / voll Huld zu uns ins Frankenland.

3. Du hast erlöst uns Franken frei / vom Greuel der Abgötterei.

4. Das göttlich Wort hast ausgesät, / von ihm der Franken Heil ersteht.

5. An deiner Lehr' das Licht entbrannt, / das nicht erlischt im Frankenland.

6. Den Herzog Gosbert hast bekehrt, / die Fürstenstadt Würzburg gelehrt.

7. Die sündlich' Eh' verboten hat, / wie Sankt Johann der Täufer tat.

8. Geilana dann den Gottesmann / aus Rache zu ermorden sann.

9. Er hat besprengt mit seinem Blut / den ausgestreuten Samen gut.

10. Sehr hat geliebt sein Frankenland, / sein Blut gab er zum Unterpfand.

11. In Würzburg ruht der heil'ge Mann / mit den Genossen lobesam.

12. Laß dir die edlen Franken dein / von Herzen anbefohlen sein!

T und M: Gg. Vogler (Catechismus) Würzburg 1625   (GL 909)

217 1. Wir rufen an den teuern Mann, Sankt Kilian!
Sankt Kolonat und Sankt Totnan!
Refrain: Dich loben, dir danken
deine Kinder in Franken,
Sankt Kilian!
2. Mit Kolonat und mit Totnan, Sankt Kilian,
warst du dem Herren untertan. Dich loben ...
3. Dein Beispiel halten wir stets wach, Sankt Kilian,
und folgen darin Christus nach. Dich loben ...
4. Dein Glaubenszeugnis preisen wir, Sankt Kilian,
dein Leben ist uns Vorbild hier. Dich loben ...

T: 1. Str. Gg. Vogler (Catechismus) Würzburg 1625,
2.–4. Str. Jürgen Lenssen   M: Gg. Vogler (Catechismus) Würzburg 1625
(GL 909)

218 1. V   Kilian, Kolonat, Totnan,
        A   Kyrie eleison,
        V   ihr Schutzpatrone, hört uns an!
        A   Halleluja,
             Halleluja! Bitt Gott für uns, Maria!
   2. V   Frankenapostel, seid bereit,
        A   Kyrie eleison,
        V   zu führen uns durch diese Zeit!
        A   Halleluja ...

3. V Erhaltet uns im Glauben treu!
   A Kyrie eleison.
   V Von allem Irrtum macht uns frei.
   A Halleluja …
4. V Laßt eins uns mit dem Herren sein,
   A Kyrie eleison,
   V gleich euch uns seiner Gnad' erfreun!
   A Halleluja …
5. V Wir bitten euch für's Frankenland,
   A Kyrie eleison,
   V das Bistum schützt mit eurer Hand!
   A Halleluja …

T: Jürgen Lenssen   M: »Zu deiner Ehr', Gott, wallen wir«   (GL 883)

1. Sankt Kilian, dir ward zuteil
als Christi Jünger ew'ges Heil.
Im Tode du entgegengehst
dem Herrn und mit ihm auferstehst.
Refrain: Hilf uns in dieser Erdenzeit,
daß wir nach allem Leid und Streit
erlangen Gottes Herrlichkeit.
2. Sankt Kolonat und Sankt Totnan,
die ihr seid mit Sankt Kilian
gefolgt dem Herrn bis in den Tod,
nun lebt auf ewig ihr bei Gott.
Refrain: Helft uns …
3. Da ihr als treu erfunden ward,
Gott sich euch himmlisch offenbart.
Dort stimmt ihr an in Seligkeit
den Lobpreis der Dreifaltigkeit.
Refrain: Helft uns …

219

T: Jürgen Lenssen   M: »Ihr Freunde Gottes allzugleich«   (GL 608)

220 1. Aus Irland zoget ihr einst fort,
als Christi Jünger,
berufen durch des Herren Wort,
Sankt Kilian, Sankt Kolonat und Totnan.
2. Der heiligsten Dreifaltigkeit
als Christi Jünger
dientet ihr in Ergebenheit,
Sankt Kilian, Sankt Kolonat und Totnan.
3. Dem einen Gott gabt ihr euch hin
als Christi Jünger
zu dritt, doch eins in Herz und Sinn,
Sankt Kilian, Sankt Kolonat und Totnan.
4. Heilsboten unserm Frankenland
als Christi Jünger,
geführt von Gottes Vaterhand,
Sankt Kilian, Sankt Kolonat und Totnan.
5. Ihr habt gesät das Glaubensgut
als Christi Jünger,
das durch die Taufe Früchte trug,
Sankt Kilian, Sankt Kolonat und Totnan.
6. Der Ehe Einheit ihr gelehrt
als Christi Jünger
und alle Trennung abgewehrt,
Sankt Kilian, Sankt Kolonat und Totnan.
7. Geilana euch zu töten sann
als Christi Jünger.
Ihr nahmet froh die Marter an,
Sankt Kilian, Sankt Kolonat und Totnan.
8. Getreu bleibt ihr bis in den Tod
als Christi Jünger,
von Gott gerettet aus der Not,
Sankt Kilian, Sankt Kolonat und Totnan.

9. Dem Herrn gleich: Es ist vollbracht!
Als Christi Jünger
habt ihr besiegt des Todes Macht,
Sankt Kilian, Sankt Kolonat und Totnan.
10. Vom Ostermorgenlicht erhellt
als Christi Jünger
zieht ihr in Gottes neue Welt,
Sankt Kilian, Sankt Kolonat und Totnan.
11. Wir bitten euch um das Geleit
als Christi Jünger
für unsern Weg durch diese Zeit,
Sankt Kilian, Sankt Kolonat und Totnan.
12. Reicht uns vom Himmel eure Hand
als Christi Jünger,
beschützt das Bistum und das Land,
Sankt Kilian, Sankt Kolonat und Totnan.

T: Jürgen Lenssen   M: »Freu dich, erlöste Christenheit«   (GL 861)

1. Wir loben nun Sankt Kilian,   **221**
Sankt Kolonat und Sankt Totnan.
Von Gott sie wurden uns gesandt,
zu predigen im Frankenland.
2. Sie handelten nach Jesu Wort
und zogen aus der Heimat fort.
Verließen alles, was sie band,
vertrauten einzig Gottes Hand.
3. Sie halfen vielen in der Not,
den Armen brachen sie das Brot.
Sie tauften auf des Herrn Geheiß,
vermehrten Gottes Lob und Preis.
4. Sie mühten sich um Gottes Reich
und wirkten den Aposteln gleich,

beauftragt durch des Herren Wort
setzten sie Christi Werk hier fort.
5. Weil sie bis in den Tod getreu,
erstand das Leben ihnen neu.
Erhoben in die Herrlichkeit
preisen sie die Dreifaltigkeit.
6. Sankt Kilian, Sankt Kolonat,
Sankt Totnan, treu nach eurem Rat,
für Christus wir durchs Leben gehn.
Hierfür wir eure Hilf' erflehn.
7. Zu dritt habt ihr den Herrn geliebt,
der uns in euch ein Vorbild gibt:
Im Miteinander eins ihr seid
wie Gott in der Dreieinigkeit.

T: Jürgen Lenssen   M: »Das ist der Tag, den Gott gemacht«
nach Johannes Leisentritt 1567   (GL 220)

222 1. Sankt Kilian, Sankt Kolonat,
Sankt Totnan: Ihr streut aus die Saat
für Christi Reich, das er begonnen
und an dem Kreuz für uns gewonnen.
2. Euch hat der Herr ganz wunderbar
erwählt zu seiner Jünger Schar.
In Treue folgtet ihr dem Herren,
den freudig wir mit euch verehren.
3. An uns ergeht des Herren Ruf,
der mit euch seine Kirche schuf
in unserm Land für alle Zeiten.
Sein Wort wird uns – gleich euch – begleiten.

T: Jürgen Lenssen   M: »Nun lobet Gott im hohen Thron«   (GL 265)

LIED

1. Zu dir schick ich mein Ge-bet, das um deine Hil-fe fleht, heil-ger Bi-schof Ki-li-an. Dei-ne Für-bitt ruf ich an, hilf, daß ich dir fol-gen kann, heil-ger Bi-schof Ki-li-an.

2. Hilf, daß ich im Glauben treu immerdar gegründet sei, ... / Deinem Beispiel folg ich gern, bitt für mich bei Gott, dem Herrn, ...

3. Bitte, daß der Hoffnung Licht mir durch Angst und Dunkel bricht, ... / Führ mich auf der rechten Bahn, daß ich selig werden kann, ...

4. Sei mit deiner Liebe Kraft bei mir auf der Pilgerschaft, ... / Schütze mich in aller Not, weise mich den Weg zu Gott, ...

5. Tret ich an des Lebens Rand, reich mir deine starke Hand, ... / Steh mir bei im letzten Streit, führe mich zur Seligkeit, ...

T: Bones Cantate 1851 / Neufassung Friedrich Kienecker 1973
M: Sursum corda 1874 (aus: Paderborner Eigenteil zum GL)

Sankt Kilian

Leben, Martyrium, Wirkung.

Von Klaus Wittstadt.
1984. 92 Seiten.
Format 30 × 23 cm.
Pp. DM 39,–.·
ISBN 3-429-00721-6.

„Ein Buch für gläubige Franken, die sich historisch fundiert informieren lassen wollen über Leben und Wirken des St. Kilian und seiner Gefährten, die aber auch einiges erfahren wollen über das Weiterleben des ‚Frankenapostels‘... Gleichzeitig durch die Fülle der Bilder, durch das Großformat und die Initialbuchstaben am Anfang jedes recht übersichtlichen, zweispaltig gedruckten Kapitels auch ein Buch zum Schauen und Herumblättern."

Renate Freyeisen, in: Main-Echo, Aschaffenburg

„Ein Buch über einen Heiligen, das mustergültig ist."

Archiv für Liturgiewissenschaft, Maria Laach

Die Botschaft des Würzburger Kiliansschreins

Von Paul-Werner Scheele.

1987. 212 Seiten, 36 vierfarbige und 30 einfarbige Abbildungen.
Format 30 × 23 cm.
Pp. DM 39,–.
ISBN 3-429-01086-1.

„Damit wurde ein bedeutsamer Beitrag zur Frage nach den Heiligen, ihrer Verehrung und ihrem Stellenwert, nicht zuletzt für den ökumenischen Dialog, heute geliefert... In den Mittelpunkt rückte der Bischof den theologischen Versuch, am Beispiel des Lebens und Sterbens von Kilian, Kolonat und Totnan das Wechselspiel von Gottes Wort und menschlicher Antwort zu verdeutlichen. *Dieser Versuch ist ihm glänzend gelungen.* Der Leser wird erstaunt sein, in welch ansprechender Form der Verfasser das Blutzeugnis der Frankenapostel und die biblische Botschaft verknüpft und auf unsere Gegenwart hin gedeutet hat. Damit ist ein beachtliches Stück geistiger und geistlicher Vorarbeit zum Jubiläumsjahr 1989 geleistet worden. Jetzt gilt es, dies – auch mit Hilfe des anschaulichen neuen Kiliansschreins (in der Krypta des Neumünsters) – dem christlichen Frankenvolk zu vermitteln."

Winfried Jestaedt, in: Würzburger katholisches Sonntagsblatt